30 x DaZ für 45 Minuten

Nina Wilkening

Neue fertige Stunden für Deutsch als Zweitsprache

Band 2

Klasse 1/2

Verlag an der Ruhr

Impressum

Titel
30 x DaZ für 45 Minuten – Klasse 1/2
Band 2: Neue fertige Stunden für Deutsch als Zweitsprache

Autorin
Nina Wilkening

Umschlagmotiv
© cirodelia – stock.adobe.com; Uhr-Icon, Notizzettel: © Verlag an der Ruhr

Illustrationen
s. Nachweis am Bild

Druck
Heenemann GmbH & Co. KG, Berlin, DE

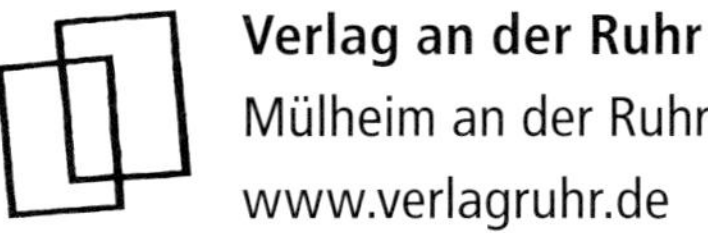

Verlag an der Ruhr
Mülheim an der Ruhr
www.verlagruhr.de

Geeignet für die Klassen 1–2

ISBN 978-3-8346-6250-7

Inhaltsverzeichnis

Inhaltsverzeichnis

AB → Arbeitsblatt
KV → Kopiervorlage (z. B. Bildkarten, Spielplan)

Vorwort

Liebe DaZ-Lehrkräfte,

mit diesem zweiten Band zum Thema „30 x DaZ für 45 Minuten" möchte ich Ihnen weitere Ideen vorstellen, wie man mit wenig (Material-)Aufwand auf spielerische und motivierende Weise Kindern, die Deutsch nicht als Muttersprache erlernt haben, Deutsch beibringen kann. Der zweite Band versteht sich dabei als **Ergänzung**: Manche Themen aus dem ersten Band werden erneut aufgegriffen (z. B. Haustiere), sodass Sie beide Bände kombinieren können. Sie können aber auch beide Bände unabhängig voneinander einsetzen – es werden keine Vorkenntnisse aus Band 1 vorausgesetzt. Die Kinder, die ich bei der Konzeption des Bandes vor Augen hatte, sind Schulanfänger*innen und/oder DaZ-Anfänger*innen, die anfangs weder lesen noch schreiben können. Dementsprechend sind die Materialien für Klasse 1 so gestaltet, dass Arbeitsaufträge **rein mündlich** von Ihnen gegeben werden oder die Materialien selbsterklärend sind. Dieser Band enthält zwar etwas mehr Stunden für Klasse 2, diese lassen sich mit leichten Modifikationen (etwa mündlichem Vortrag der Arbeitsblätter) aber auch bereits früher einsetzen.
Ich habe die Einzelstunden zu **Mini-Einheiten** zusammengefasst. Dies hat den Vorteil, dass Sie in Einheiten planen und die vorhandenen Materialien evtl. noch ergänzen oder eine für 45 Minuten angedachte Stunde auf eine Doppel- oder zwei Einzelstunden verlängern können. Einige Mini-Einheiten bieten sich dazu an, parallel zum aktuellen Sachunterrichtsthema zu arbeiten.

In den Mini-Einheiten finden Sie neben reinen **Wortschatz-** auch **Grammatikstunden**. So soll darauf hingearbeitet werden, dass die Kinder nicht nur neue Wörter lernen, sondern auch gleichzeitig die Strukturen der deutschen Sprache untersuchen und kennenlernen.

Der Verlag an der Ruhr legt großen Wert auf eine geschlechtergerechte und inklusive Sprache. Daher nutzen wir das Gendersternchen, um sowohl männliche und weibliche als auch nichtbinäre Geschlechtsidentitäten einzuschließen. Alternativ verwenden wir neutrale Formulierungen. In Texten für Schüler*innen finden sich aus didaktischen Gründen neutrale Begriffe bzw. Doppelformen.

Jede Einzelstunde ist übersichtlich mit folgenden Aspekten beschrieben:

Thema
Hier wird in knapper Form der Unterrichtsinhalt benannt.

Kompetenzerwartungen
Über diese Kompetenzen sollten die Kinder nach der Stunde verfügen. Hier sehen Sie den zu erwartenden Lernzuwachs.

Materialliste und „Das bereiten Sie vor"
Um Ihnen die Vorbereitung maximal zu erleichtern, habe ich die Stunden so konzipiert, dass Sie meist lediglich die Bildkarten zur Wortschatzeinführung einmal groß kopieren und ausschneiden und zusätzlich für die Arbeitsphase ein Arbeitsblatt in Klassenstärke kopieren müssen. In einigen Fällen sollen weitere Materialien – zumeist Spielkarten – hergestellt werden. Insgesamt dürfte sich der Vorbereitungsaufwand pro Stunde aber auf weniger als 15 Minuten belaufen. Neben den Kopiervorlagen und Arbeitsblättern werden in manchen Stunden Spielfiguren und Würfel benötigt.

Stundenverlauf
Der zeitliche Ablauf aller Stunden ist identisch und teilt sich in die Phasen *Einstieg*, *Arbeitsphase* und *Sicherung*. Nahezu jede Stunde beginnt mit einer Wortschatzeinführung. Dazu erhalten Sie Bildkarten als Kopiervorlage, die Sie, vergrößert kopiert, an die Tafel hängen. Die Wortschatzeinführung erfolgt durch imitatives Sprechen und ein kurzes Spiel. In der Arbeitsphase festigen die Kinder in Einzel-, Paar- oder Gruppenarbeit den Wortschatz. Dabei wurde auf spielerische und motivierende Übungen Wert gelegt. Die Sicherungsphase dient als Abschluss. Hier können die Kinder noch einmal in abgewandelter Form den Wortschatz präsentieren.

Im Anschluss an die Beschreibung der Einzelstunden finden Sie zum sofortigen Einsatz **Kopiervorlagen** für **Bildkarten** für die Wortschatzeinführung zu Beginn einer Stunde sowie Kopiervorlagen (z. B. für ein Brettspiel) oder Arbeitsblätter zum Ausfüllen für die Arbeitsphase.

Vorwort

Bitte beachten Sie, wenn Sie Deutsch als Zweitsprache unterrichten, dass hier etwas **andere Anforderungen** gestellt werden als dies in den anderen Fächern der Fall ist. Im DaZ-Unterricht hat man den großen Vorteil, dass keine Klassenarbeiten geschrieben und keine Noten verteilt werden müssen. Dementsprechend fällt eine gewisse Last weg, dass Lernziele zu einem bestimmten Zeitpunkt abfragbar erreicht werden *müssen*. Sie können sich Zeit nehmen, um Inhalte, die nicht sofort verstanden wurden, ein weiteres Mal aufzugreifen. Viel mehr als in anderen Fächern können Sie sich an die unterschiedlichen Voraussetzungen und Vorlieben Ihrer Schüler*innen anpassen. Sie können Themen vertiefen oder mehrfach anbieten, wenn Sie das Gefühl haben, dass dies für die Kinder wichtig ist. Andererseits kommen aber **andere Schwierigkeiten** auf Sie zu: Die Kinder, für die dieses Buch konzipiert ist, sind entweder Schüler*innen aus Klasse 1 und 2, die evtl. schon eine längere Zeit in Deutschland sind, aber noch nicht (gut) lesen und schreiben können. Oder, was häufiger der Fall sein dürfte, es sind Kinder, die erst vor kurzer Zeit nach Deutschland gekommen sind und über keine oder nur sehr geringe Deutschkenntnisse verfügen. Diese Kinder begegnen Ihnen anfangs evtl. scheu und zurückhaltend – ganz einfach, weil sie nicht verstehen, was Sie ihnen sagen möchten. Eine **angenehme, offene Lernatmosphäre** ist hier besonders wichtig. Im vorliegenden Band habe ich mich bemüht, so viele spielerische Elemente wie möglich einzubauen, damit die Kinder mit Freude in die DaZ-Stunden gehen und Deutsch quasi „nebenbei" erlernen. Viele Spiele und Übungen kommen bewusst mehrfach vor. Sie sind **ritualisiert** und erleichtern den Kindern das Lernen, da sie sich so auf den neuen Inhalt konzentrieren können. Sie können die positive Lernatmosphäre zusätzlich verstärken, indem Sie beispielsweise Lieder singen, Reime und Fingerspiele einsetzen, Bilderbücher mit einfachen Texten und formelhaft wiederholten Sätzen vorlesen (gern auch immer wieder dieselben, damit die Kinder den Inhalt mitsprechen können) und in wechselnden Paar- und Gruppenzusammensetzungen arbeiten.

Auch **zusätzliche Aktivitäten**, die zum Thema passen, sind lernförderlich: Bereiten Sie gemeinsam einen Obstsalat zu, gehen Sie in Kleingruppen einkaufen oder in die Bäckerei, sehen Sie sich die Tiere auf der Wiese an oder gucken Sie eine Kindersendung, die in altersgerechter, aber trotzdem einfacher Sprache Inhalte und Geschichten vermittelt.
Sehen Sie die DaZ-Stunden weniger als Unterrichtsstunden, sondern vielmehr als „Lebensstunden". Leben Sie mit den Kindern, spielen Sie gemeinsam, lesen Sie vor, unternehmen Sie etwas und vermitteln Sie ihnen nebenbei, wie man Deutsch spricht.

Ich wünsche Ihnen viel Spaß dabei!
Nina Wilkening

Klasse 1

Mini-Einheit: Tiere

In der Mini-Einheit „Tiere" geht es genau darum:
Die Kinder lernen Bezeichnungen für Tiere, die als Haustiere, auf dem Bauernhof und im Zoo gehalten werden, kennen. Darüber hinaus lernen sie auch die Bezeichnungen für das Zubehör der Haustiere kennen, wiederholen einige Farbadjektive (Stunde 2: Bauernhoftiere) und lernen beispielhaft anhand ausgewählter Adjektive die Bildung des Komparativs.

Die Mini-Einheit setzt sich aus folgenden Stunden zusammen:

Stunde 1: Haustiere

Die Kinder **festigen ihren Wortschatz** zum Thema „Haustiere" und können einzelnen Haustieren **passende Gegenstände** zuordnen.
Diese Stunde können Sie gut als Ergänzung zur Stunde 12 „Haustiere" im Band 1 nutzen. Der Aufbau der Stunden ist sehr ähnlich, wodurch sich die Stunde gut anschließen lässt.

Stunde 2: Bauernhoftiere

Die Kinder lernen **Bauernhoftiere** kennen und wiederholen einige **Farben**. Sie bilden einfache Sätze wie „Das ist eine Kuh. Die Kuh ist braun."

Stunde 3: Zootiere

Die Kinder lernen **Zootiere** kennen. Sie sprechen einen einfachen Satz „Ich besuche die Giraffe."

Stunde 4: Tiere – Grammatik: Steigerung

Die Kinder lernen **weitere Tiere** und deren Eigenschaften kennen. Sie können Tiere anhand bestimmter **Eigenschaften** vergleichen und für ausgewählte Adjektive den **Komparativ** bilden.

1. Haustiere

Thema

Wortschatz zum Thema „Haustiere" und deren Zubehör

Kompetenzerwartungen

Die Kinder …

- erweitern und festigen ihren Wortschatz zum Thema „Haustiere".
- können den einzelnen Tieren Gegenstände zuordnen.

Materialliste

Kopiervorlage „Haustiere – Bildkarten"

Das bereiten Sie vor

- Kopieren Sie beide Seiten der Kopiervorlage „Haustiere" je einmal so groß, dass Sie die Karten an die Tafel hängen können. Schneiden Sie die Karten auseinander.
- Kopieren Sie pro 4er-Gruppe beide Kopiervorlagen je 2-mal:
  - › Je ein Kind pro Gruppe bekommt eine der vier Vorlagen (Hamster, Fisch, Kaninchen, Schildkröte) als Lottovorlage (s. Arbeitsphase).
  - › Die übrigen Kopien werden entweder von Ihnen oder von den Schüler*innen zerschnitten, sodass ein Kartensatz entsteht.

Stundenverlauf

1. Einstieg (ca. 10–15 Min.)

Führen Sie den Wortschatz ein, indem Sie die Bildkarten von der Kopiervorlage an die Tafel hängen und chorisch mit den Kindern sprechen. Ordnen Sie gemeinsam mit den Kindern die Gegenstände den Tieren zu. Hängen Sie wie bei einer Mindmap die Bildkarten der Gegenstände um die Tiere herum. Fordern Sie die Kinder anschließend auf, zusammenzufassen, was die Tiere alles benötigen (z. B. „Ein Fisch braucht ein Aquarium, Wasser, Fischfutter …") Sie finden die folgenden Begriffe als Bildkarte wieder:

- Hamster, Trinkflasche, Häuschen, Hamsterrad, Hamsterfutter, Hamsterkäfig
- Fisch, Aquarium, Scheibenreiniger, Kescher, Fischfutter, Wasserpflanze
- Kaninchen, Kaninchenstall, Trinkflasche, Kaninchenfutter, Kaninchenkäfig, Stroh
- Schildkröte, Wasser, Licht/Lampe, Löwenzahn, Kühlschrank, Freigehege

2. Arbeitsphase (ca. 20–25 Min.)

Spielen Sie nun mit den Kindern eine Art „Lotto": Die Kinder arbeiten zu viert. Jedes Kind erhält eine Vorlage zu einem Tier. (Sollte die Bildung von reinen 4er-Gruppen nicht möglich sein, kann die übrig gebliebene Vorlage gemeinsam ausgefüllt werden oder ein stärkeres Kind erhält zwei Vorlagen.) Die Karten des Kartensatzes werden verdeckt auf dem Tisch ausgebreitet. Reihum wird nun eine Karte aufgedeckt. Das Kind, das die zur Karte passende Lottovorlage hat, nimmt die Karte und erklärt: „Das ist ein Aquarium. Das gehört zum Fisch. Er lebt im Aquarium." Anschließend wird die Karte auf das entsprechende Bild auf der Vorlage gelegt. Das Spiel ist beendet, wenn keine Karten mehr übrig sind. Gewonnen hat, wer seine Vorlage zuerst komplett abdecken konnte. Gruppen, die vor Ende der Zeit fertig sind, tauschen innerhalb der Gruppe die Vorlagen und spielen eine weitere Runde.

3. Sicherung (ca. 5–10 Min.)

Spielen Sie das „Alle-Tiere-Spiel" (eine Abwandlung des bekannten „Obstsalat-Spiels"): Besprechen Sie mit den Kindern gemeinsam, wie die Bewegungen der Tiere nachgeahmt werden können, z. B. Hase: hüpfend. Ordnen Sie jedem Kind mündlich ein Tier zu.
Bilden Sie mit den Kindern einen Stuhlkreis, bei dem ein Stuhl fehlt. Ein Kind, das keinen Stuhl hat, stellt sich in die Mitte und nennt ein Tier, z. B. „Hamster!". Alle Kinder, die ein Hamster „sind", wechseln den Platz, indem sie rennen. Das Kind, das im Kreis stand, sucht sich einen freien Platz. Das Kind, das nun keinen Stuhl hat, darf das nächste Tier nennen. Bei „Alle Tiere!" tauschen alle Kinder den Platz.

Haustiere – Bildkarten (1/2)

Hamster

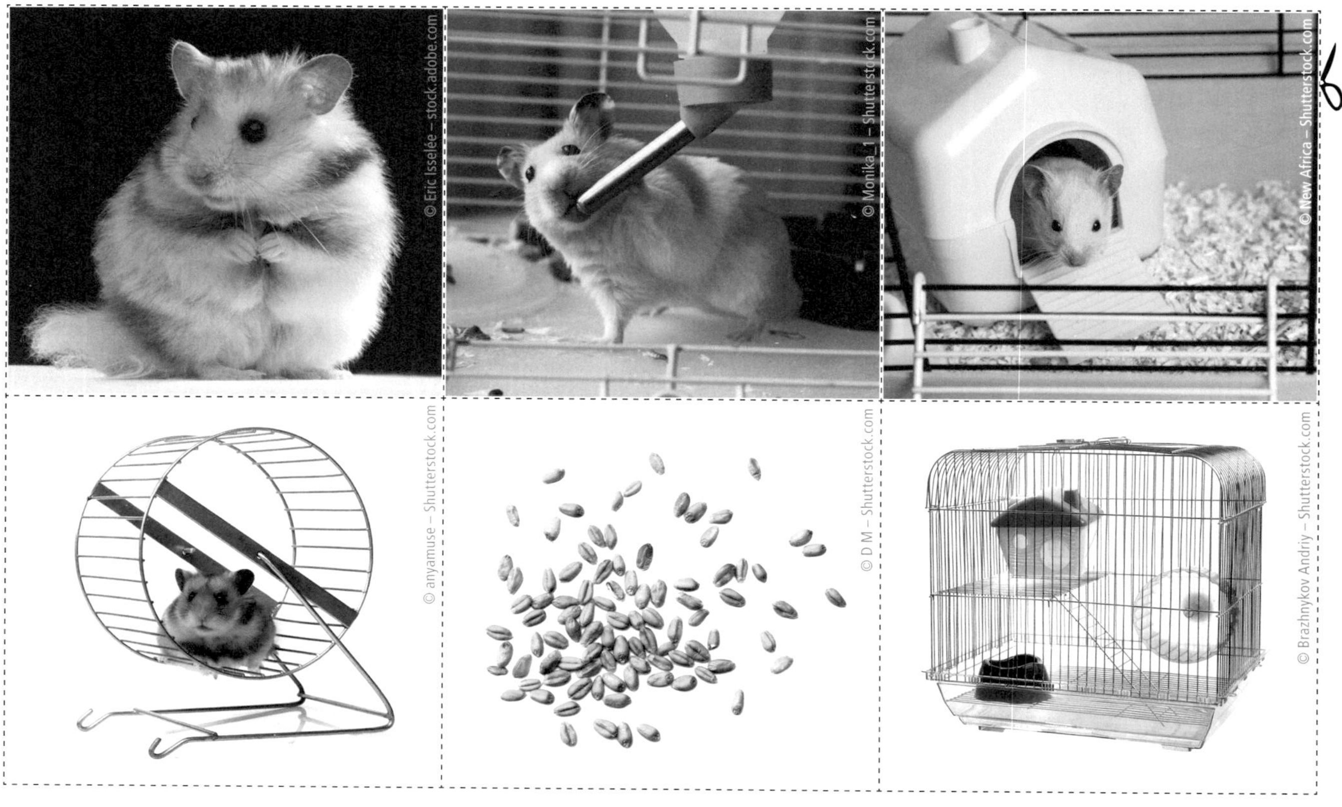

Fisch

Haustiere – Bildkarten (2/2)

Kaninchen

Schildkröte

 © Verlag an der Ruhr | Autorin: Nina Wilkening | ISBN 978-3-8346-6250-7 | www.verlagruhr.de

2. Bauernhoftiere

Thema

Kennenlernen von Bauernhoftieren und Wiederholung von Farben

Kompetenzerwartungen

Die Kinder …
- können Bauernhoftiere benennen.
- können Bauernhoftieren die richtigen Farben zuordnen.
- können einfache Sätze bilden: „Das ist eine Kuh. Die Kuh ist braun."

Materialliste

- Kopiervorlage „Bauernhoftiere – Bildkarten"
- Arbeitsblatt „Bauernhoftiere – Spiel"
- *pro 4er-Gruppe:* 4 Spielfiguren, ein Würfel, Farbstifte in gelb, braun, schwarz, rosa, ein Bleistift

Das bereiten Sie vor

- Kopieren Sie die Kopiervorlage „Bauernhoftiere" so groß, dass Sie die Bildkarten zur Wortschatzeinführung an die Tafel hängen können. Schneiden Sie die Karten auseinander.
- Kopieren Sie die Kopiervorlage zusätzlich einmal für jede 4er-Gruppe. Schneiden Sie die Bildkarten auseinander.
- Kopieren Sie das Arbeitsblatt „Bauernhoftiere – Spiel" in Klassenstärke plus ein weiteres Mal. Malen Sie die Farbkleckse auf der weiteren Kopie an:
  braun: Kuh, Hase, Huhn;
  gelb: Küken;
  weiß: Schaf;
  schwarz: Pferd;
  grau: Esel;
  rosa: Schwein

Stundenverlauf

1. Einstieg (ca. 15 Min.)

Hängen Sie die vergrößerten Bildkarten nacheinander an die Tafel und besprechen Sie mit den Kindern, wie die Tiere heißen, welche Laute sie von sich geben, und üben Sie die Namen ein, indem Sie diese mit verschiedenen Stimmen vorsprechen (laut, leise, traurig, fröhlich) und die Kinder sie wiederholen.
Spielen Sie anschließend „Tiere-Raten" mit der Klasse. Ahmen Sie ein Geräusch eines Bauernhoftiers nach. Die Kinder rufen laut den Namen des Tiers und wiederholen diesen dann nochmals chorisch. Lassen Sie dann abwechselnd einzelne Kinder Tiere nachmachen, die die Mitschüler*innen erraten sollen.
Besprechen Sie mit den Kindern, welche Farben die Tiere haben können. Zeigen Sie das Arbeitsblatt mit den angemalten Klecksen und besprechen Sie das nachfolgende Spiel.

2. Arbeitsphase (ca. 20–25 Min.)

Verteilen Sie die Spielvorlagen. Es wird zu viert gespielt. Jedes Kind erhält einen eigenen Spielplan. Begonnen wird auf dem Startfeld. Ein Kind würfelt und rückt seine Figur auf das entsprechende Feld vor. Es malt das abgebildete Tier an und spricht dazu, z. B. „Das ist eine Kuh. Sie ist braun." Das Spiel ist zu Ende, wenn ein Kind alle Tiere angemalt hat.
Fertige Gruppen spielen mit der Kopiervorlage das „Klatsch-Spiel": Ein Kind nennt ein Tier, die übrigen drei klatschen mit der Hand auf das Bild.

3. Sicherung (ca. 5 Min.)

Spielen Sie das Spiel „Was fehlt?": Bitten Sie die Kinder, die Augen zu schließen, und nehmen Sie ein Bild von der Tafel weg. Bitten Sie die Kinder, die Augen wieder zu öffnen, und fragen Sie: „Was fehlt?" Ein Kind benennt das fehlende Tier. Hängen Sie das Bild zurück.
Nun können die Kinder Bilder entfernen.

Kopiervorlage

Bauernhoftiere – Bildkarten

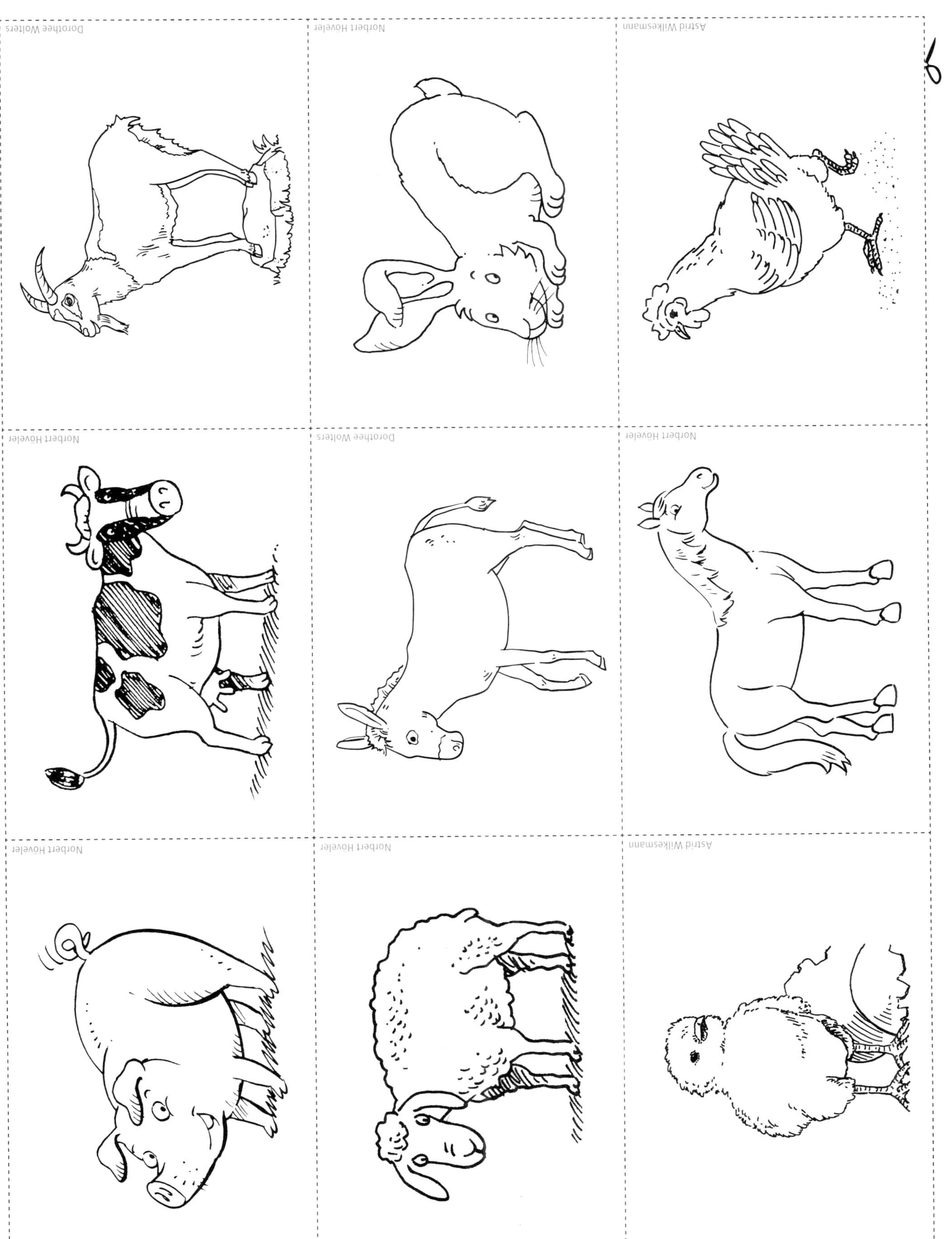

 © Verlag an der Ruhr | Autorin: Nina Wilkening | ISBN 978-3-8346-6250-7 | www.verlagruhr.de

Arbeitsblatt

Bauernhoftiere – Spiel

Würfle. Male das Tier auf dem Feld in der richtigen Farbe an.
Sprich dazu: „Die Kuh ist braun."
Du hast gewonnen, wenn du alle Tiere angemalt hast.

3. Zootiere

Thema

Wortschatz zum Thema „Zootiere"

Kompetenzerwartungen

Die Kinder ...

- lernen die Namen verschiedener Zootiere kennen.
- können einfache Sätze bilden: „Ich besuche die Schlange."/„Ich besuche das Känguru."

Materialliste

- Kopiervorlage „Zootiere – Bildkarten"
- Kopiervorlage „Brettspiel: Besuch im Zoo"
- *pro 3er- oder 4er-Gruppe:* ein Würfel, *pro Kind:* eine Spielfigur und ein Stift

Das bereiten Sie vor

- Kopieren Sie die Kopiervorlage „Zootiere" 2-mal so groß, dass Sie die Bilder zur Wortschatzeinführung an die Tafel hängen können. Schneiden Sie die Karten auseinander. Sortieren Sie die Karten, sodass Sie zwei komplette Kartensätze haben.
- Kopieren Sie die Bildkarten auf DIN A4 im Klassensatz.
- Kopieren Sie für jede Gruppe eine Brettspielvorlage.

Stundenverlauf

1. Einstieg (ca. 10–15 Min.)

Hängen Sie einen Satz große Bildkarten an die Tafel. Üben Sie mit den Kindern die Namen der Tiere ein, indem Sie diese mehrfach vorsprechen und von den Schüler*innen nachsprechen lassen. Variieren Sie in Lautstärke (normal/leise/laut) und Sprechweise (normal/zornig/lieb/singend/unheimlich).
Spielen Sie mit den Kindern das Spiel „Wer fehlt?": Bitten Sie die Kinder, die Augen kurz zu schließen. Entfernen Sie eine Bildkarte. Bitten Sie die Kinder, die Augen wieder zu öffnen und fragen Sie: „Wer fehlt?" Ein Kind benennt das fehlende Tier und leitet die nächste Runde.

2. Arbeitsphase (ca. 20–25 Min.)

Teilen Sie die Kinder in 3er-oder 4er-Gruppen auf. Teilen Sie an jedes Kind einen Satz Bilder von der Kopiervorlage „Zootiere" aus. Jede Gruppe erhält außerdem eine Brettspielvorlage. Erklären Sie die Situation: Die Kinder besuchen die Tiere im Zoo. Sie legen ihre Bildkartenvorlage vor sich hin und stellen ihre Spielfigur auf das Feld „Start". Nun wird reihum gewürfelt. Jedes Kind wählt seinen eigenen Weg und sagt bei jedem Zug, wen es besucht: „Ich besuche das Känguru." Wenn ein Kind an einem Gehege ankommt, darf es die Karte, auf der das zu besuchende Tier abgebildet ist, auf seiner Kartenvorlage ankreuzen. Hat ein Kind alle Tierkarten angekreuzt, marschiert es zum Ausgang. Gewonnen hat, wer zuerst auf oder über das Feld „Ausgang" geht.

3. Sicherung (ca. 5–10 Min.)

Hängen Sie alle Karten (zwei Sätze) verdeckt an die Tafel. Teilen Sie die Klasse in zwei gleich große Gruppen, die gegeneinander Memo nach den Regeln des bekannten Memory-Spiels spielen. Dazu darf immer ein Kind aus einer Gruppe nach vorn an die Tafel kommen, zwei Karten umdrehen und die Begriffe laut nennen. Notieren Sie die Punkte der jeweiligen Gruppen.

Zootiere – Bildkarten

Kopiervorlage

Brettspiel: Besuch im Zoo

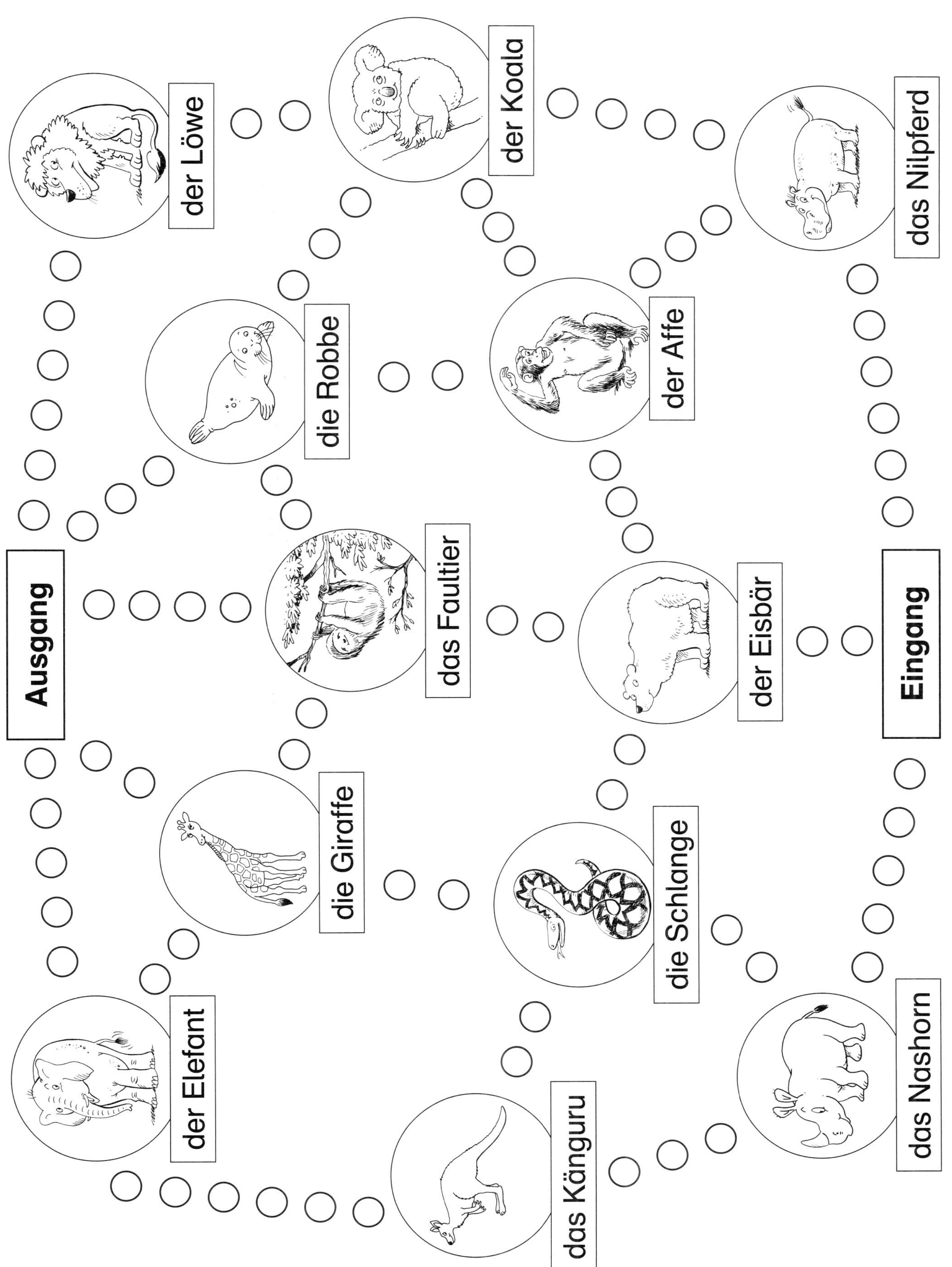

  ISBN 978-3-8346-6250-7 | www.verlagruhr.de

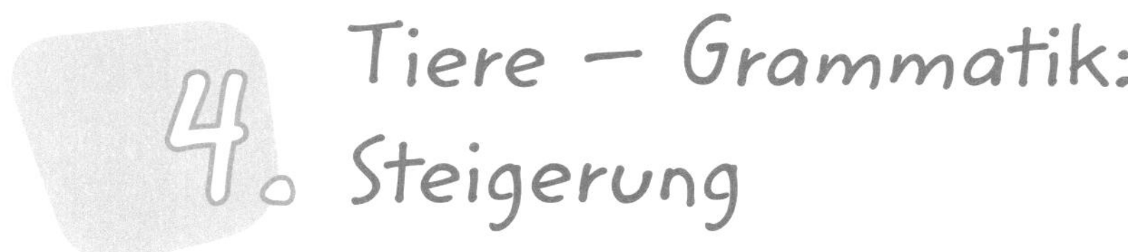

4. Tiere – Grammatik: Steigerung

Thema

Wortschatz zum Thema „Tiernamen" und „Eigenschaften von Tieren", Kennenlernen des Komparativs anhand einfacher Adjektive

Kompetenzerwartungen

Die Kinder …

- kennen Tiernamen und Eigenschaften der Tiere.
- können Tiere vergleichen.
- können den Komparativ zu einigen Adjektiven bilden.

Materialliste

- Kopiervorlage „Tiere: Adjektive"
- *pro 3er-Gruppe:* ein Briefumschlag (alternativ ein Gummiband oder eine Büroklammer)

Das bereiten Sie vor

- Kopieren Sie die Kopiervorlage „Tiere: Adjektive" in DIN A3. Schneiden Sie die Karten aus und knicken Sie die jeweiligen Adjektive nach hinten.
- Kopieren Sie die Kopiervorlage sowie die Regenwolken-Karte auf dieser Seite zusätzlich einmal pro 3er-Gruppe. Schneiden Sie die Karten aus und bewahren Sie je ein Set in einem Briefumschlag auf.

Stundenverlauf

1. Einstieg (ca. 10–15 Min.)

Hängen Sie die Bildkarten (mit abgeknickten Eigenschaften) einzeln an die Tafel und üben Sie die Tiernamen mit den Kindern ein. Besprechen Sie mit den Kindern, welche Eigenschaften die Tiere haben könnten.
Fordern Sie die Schüler*innen auf, Tierpaare zu bilden und die jeweilige Eigenschaft zu steigern. Erklären Sie dies an einem Beispiel: „Der Bär ist groß. Die Giraffe ist größer."
Klappen Sie die Eigenschaften zur Kontrolle um. Die Karten bleiben als Hilfe während der Arbeitsphase hängen.

2. Arbeitsphase (ca. 20–25 Min.)

Die Kinder spielen in 3er-Gruppen das „Regenwolken-Spiel". Alle Karten werden gleichmäßig verteilt und verdeckt auf die Hand genommen. Ein Kind (Kind 1) erhält eine Karte mehr. Das Kind, das links von Kind 1 sitzt, zieht eine Karte von Kind 1. Wird ein Paar gefunden, wird es abgelegt und dazu gesprochen: „Das Pferd ist schnell, der Windhund ist schneller." Das Spiel ist zu Ende, wenn nur noch ein Kind die Karte mit der Regenwolke (s. u.) in der Hand hält – zu dieser gibt es kein passendes Pendant. Die Kinder können mehrere Runden spielen.

3. Sicherung (ca. 5–10 Min.)

Spielen Sie mit den Kindern Menschen-Memo. Dazu gehen zwei Kinder vor die Tür. Die anderen Kinder finden sich paarweise zusammen. Die Partnerkinder überlegen sich ein gemeinsames Tier sowie ein Geräusch und/oder eine Bewegung/Geste, die zu ihrem Tier passt. Sie setzen sich getrennt voneinander und gemischt auf die Tische.
Die Spielerkinder kommen wieder herein. Das erste Spielerkind ruft zwei Kinder auf, die ihr Geräusch oder die Geste/Bewegung vormachen. Sind sie ein Paar, setzen sie sich auf ihren Platz und für das Spielerkind wird ein Punkt vermerkt. Es darf noch einmal aufrufen. Sind die Kinder kein Paar, ist das andere Spielerkind dran.

Anja Boretzki

Kopiervorlage

Tiere: Adjektive (1/3)

© Verlag an der Ruhr | Autorin: Nina Wilkening | ISBN 978-3-8346-6250-7 | www.verlagruhr.de

Kopiervorlage

Tiere: Adjektive (2/3)

Tiere: Adjektive (3/3)

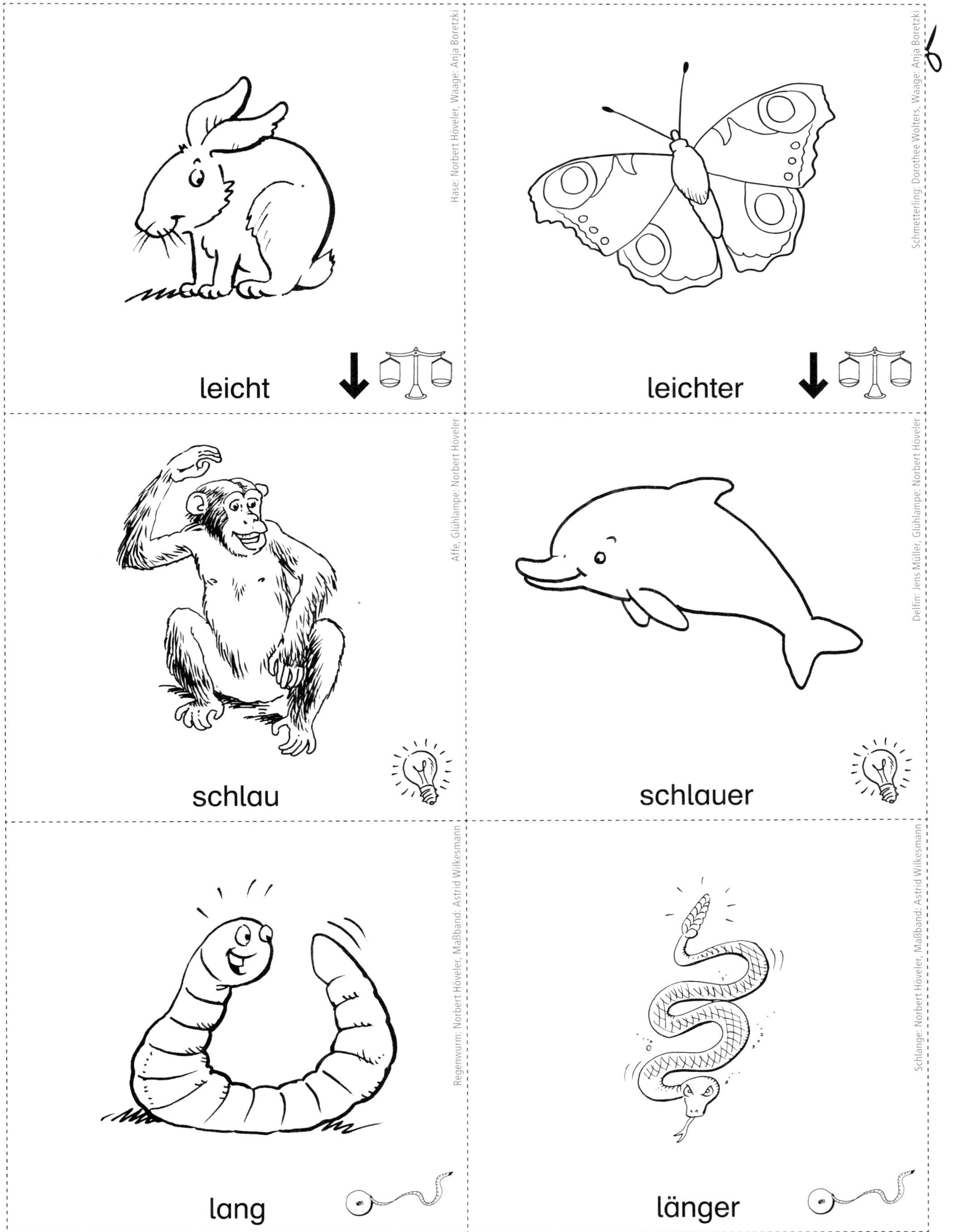

Zu Hause und um mich herum

In der Mini-Einheit „Zu Hause und um mich herum" geht es genau darum:

Die Schüler*innen können in einem Dialog nach dem Namen des Partnerkindes sowie dessen Adresse fragen und auf dieselben Fragen Angaben zur eigenen Person machen.

Die Kinder erweitern ihren Wortschatz zum Thema „Alltagsgegenstände" und können diese in Verbindung mit verschiedenen Präpositionen bestimmten Orten (im Haus/vor dem Haus; im Badezimmer …) zuordnen.

Das heimische Umfeld wird erweitert: Die Kinder lernen Bezeichnungen für Waren und Geschäfte kennen und können diese einander zuordnen.

Die Mini-Einheit setzt sich aus folgenden Stunden zusammen:

Stunde 5: Wie heißt du? – Wo wohnst du?

Die Kinder wiederholen den **Dialog** oder lernen ihn neu: **„Wie heißt du?"** – „Ich heiße …". Ergänzend können sie am Ende der Stunde fragen: **„Wo wohnst du?"**, und darauf antworten: „Ich wohne …" (Straße und Hausnummer)

Stunde 6: Im Haus und vor dem Haus – Grammatik: Präpositionen

Die Schüler lernen die **Präpositionen „im" und „vor"** kennen und gebrauchen. Sie ordnen Bilder von Gegenständen danach, ob sie im Haus oder vor dem Haus zu finden sind. Die Kinder erweitern ihren **Wortschatz** zum Thema **„Alltagsgegenstände"**.

Stunde 7: Im Badezimmer – Grammatik: Präpositionen

In dieser Stunde lernen die Kinder weitere **Alltagsgegenstände** kennen, die sich im **Badezimmer** befinden. Sie erweitern ihren Wortschatz. Sie lernen die **Präpositionen „auf", „im" und „in"** kennen bzw. festigen und üben deren Gebrauch.

Stunde 8: Geschäfte

In dieser Stunde lernen die Kinder Bezeichnungen für **Geschäfte** und **Waren** kennen. Sie können am Ende der Stunde beides benennen und einander zuordnen.

5. Wie heißt du? – Wo wohnst du?

Thema

Wiederholen und/oder Lernen der Phrasen

- „Wie heißt du?" – „Ich heiße ..."
- „Wo wohnst du?" – „Ich wohne ..."

Kompetenzerwartungen

Die Kinder ...

- kennen die Zahlen und Ziffern 1–10.
- können einfache Phrasen sprechen.

Materialliste

- Arbeitsblatt „Wie heißt du? – Wo wohnst du?"
- OHP/Dokumentenkamera/Smartboard

Das bereiten Sie vor

- Kopieren Sie das Arbeitsblatt im Klassensatz. Bereiten Sie zusätzlich ein Arbeitsblatt so vor, dass Sie es via OHP, Dokumentenkamera oder Smartboard präsentieren können.
- Erstellen Sie für jedes Kind eine Nummernkarte. Auf jeder Karte steht vorn eine Ziffer von 1 bis 10, hinten eines der Symbole Sonne, Mond, Stern.

Stundenverlauf

1. Einstieg (ca. 10–15 Min.)

Zeichnen Sie zehn Häuser nebeneinander an die Tafel und schreiben Sie die Zahlen 1–10 hinein, jeweils eine Zahl pro Haus. Wiederholen Sie evtl. mit den Kindern die Zahlen von 1 bis 10 durch chorisches Sprechen.
Nehmen Sie eine Nummernkarte in die Hand und spielen Sie den Kindern einen Dialog mit sich selbst (oder einer Handpuppe) vor:
A: „Wie heißt du?"
B: „Ich heiße ... (Ihr Name)."
A: „Wo wohnst du?"
Zeigen Sie die Nummernkarte und stellen Sie sich vor das Haus mit der entsprechenden Nummer.
B: „Ich wohne im Haus Nummer ..."
Erklären Sie den Kindern, dass Sie diesen Dialog nun mit ihnen spielen wollen.
Zeigen Sie auf ein Kind und fragen Sie:
„Wie heißt du?" Das Kind antwortet.
Bitten Sie das Kind mit der Karte, nach vorn zu kommen, und fragen Sie: „Wo wohnst du?"
Das Kind zeigt die Karte, stellt sich zum passenden Haus an der Tafel und sagt: „Ich wohne im Haus Nummer ..."
Nun verfährt das Kind mit einem anderen Kind so, wie Sie es gemacht haben.
Sind alle Kinder einmal dran gewesen, zeichnen Sie zwei weitere Häuserreihen an die Tafel und davor jeweils ein Straßenschild mit den Symbolen Sonne, Mond, Stern.
Üben Sie die Namen der Symbole und führen Sie den Dialog erneut durch. Dieses Mal wird geantwortet:
„Ich wohne im Sonnenweg, Haus Nummer 9."

2. Arbeitsphase (ca. 20–25 Min.)

Die Kinder bearbeiten das Arbeitsblatt „Wie heißt du? – Wo wohnst du?". Wer damit fertig ist, kann sich selbst in oder neben seinem Haus malen. Sie können zum Bild „Ich heiße ... Ich wohne ..." dazuschreiben, sofern die Kindern Ihnen dies sagen können.

3. Sicherung (ca. 5–10 Min.)

Kontrollieren Sie mit den Kindern zusammen Aufgabe 1 mithilfe des OHP, einer Dokumentenkamera oder des Smartboards.
Kinder, die sich selbst gemalt haben, zeigen ihr Bild und stellen sich vor. Bleibt noch Zeit, können Sie die Karten neu verteilen und den Anfangsdialog wiederholen.

Arbeitsblatt

Wie heißt du? – Wo wohnst du?

1. Sieh dir die Bilder an.

2. Wo wohnen die Personen?
Verbinde das Bild mit dem Haus.

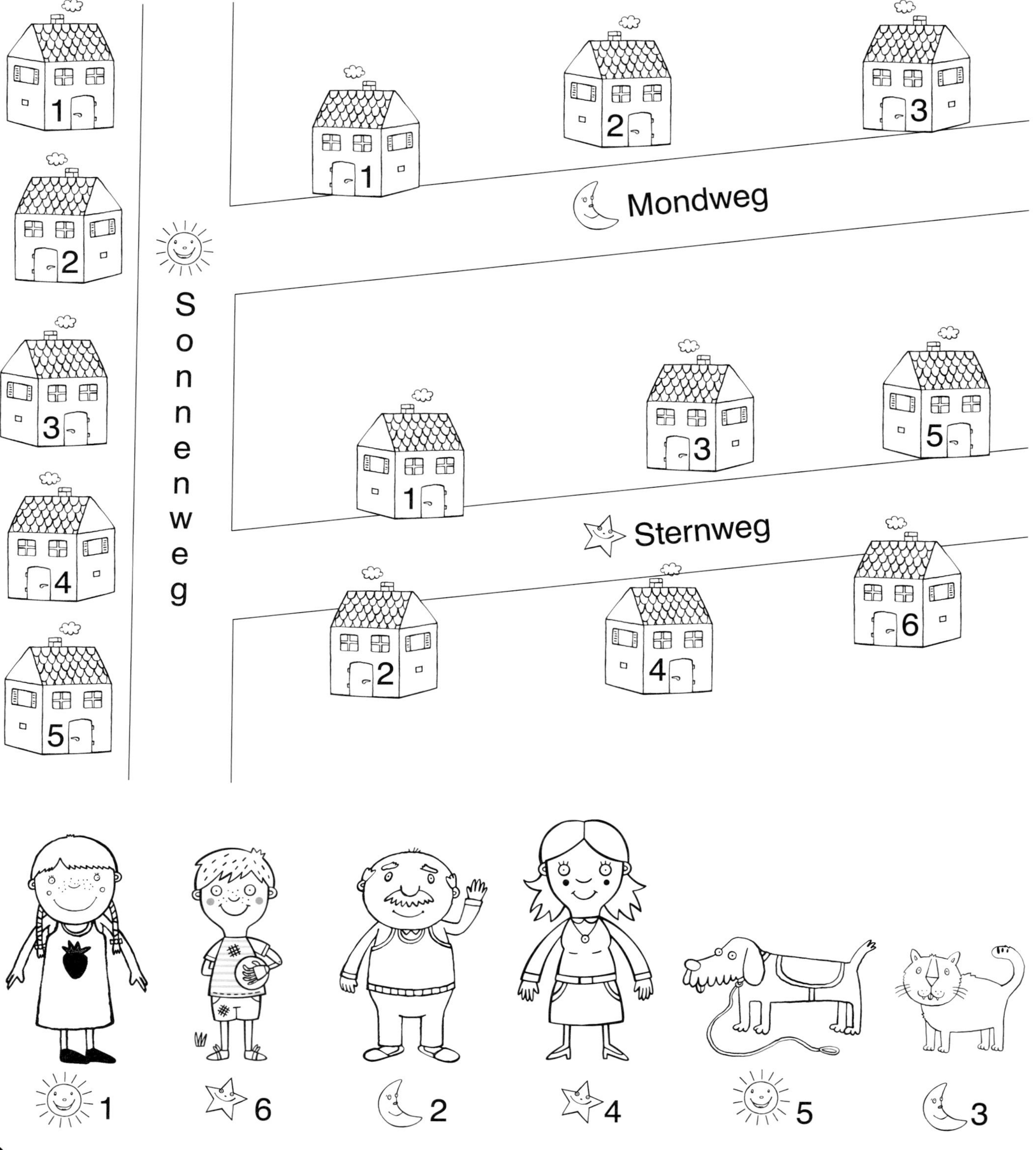

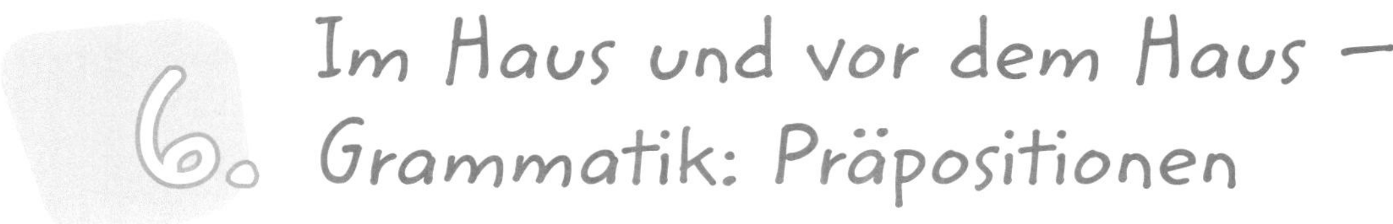

6. Im Haus und vor dem Haus – Grammatik: Präpositionen

Thema

Gegenstände kennenlernen, die im Haus und rundherum zu finden sind

Kompetenzerwartungen

Die Kinder …

- lernen die Bezeichnung für Gegenstände rund ums Haus kennen.
- können unterscheiden und ausdrücken, ob sich etwas im oder vor dem Haus befindet.
- lernen die Präpositionen „im" und „vor" kennen.

Materialliste

- Kopiervorlage „Im Haus oder vor dem Haus? – Bildkarten"
- Arbeitsblatt „Im Haus oder vor dem Haus?"

Das bereiten Sie vor

- Kopieren Sie die Bildkarten einmal so groß, dass Sie sie zur Wortschatzeinführung an die Tafel hängen können. Schneiden Sie die Karten auseinander.
- Kopieren Sie die Kopiervorlage und das Arbeitsblatt im Klassensatz.

Stundenverlauf

1. Einstieg (ca. 10–15 Min.)

Führen Sie den Wortschatz ein, indem Sie die Karten einzeln an die Tafel hängen und mit der Lerngruppe chorisch sprechen.
Nehmen Sie alle Karten von der Tafel ab und spielen Sie das Spiel „Wiederhole, wenn es richtig ist": Stellen Sie sich vor die Kinder, halten Sie den Kartenstapel vor ihren Bauch. Drehen Sie eine Karte kurz um und benennen Sie diese. Haben Sie den richtigen Namen genannt, rufen die Kinder diesen auch. Haben Sie einen falschen Namen genannt, bleiben die Kinder still.

2. Arbeitsphase (ca. 20–25 Min.)

Erklären Sie den Kindern, dass manche Gegenstände im Haus zu finden sind, manche außerhalb des Hauses. Verdeutlichen Sie dies, indem Sie ein Haus mit Gartenzaun an die Tafel zeichnen. Hängen Sie eine Bildkarte (z. B. die Treppe) in den Umriss des Hauses und sagen Sie: „Die Treppe ist im Haus." Hängen Sie eine Karte zwischen Haus und Zaun (z. B. die Mülltonne) und sagen Sie: „Die Mülltonne ist vor dem Haus." Bei leistungsstärkeren Lerngruppen können Sie auch noch „… ist drinnen."/ „… ist draußen." ergänzen. Erklären Sie das Arbeitsblatt. Die Kinder füllen dieses in Einzelarbeit aus. Fertige Kinder können die Bildkarten ausschneiden und zu zweit mit zwei Kartensätzen Memo spielen. Beim Umdrehen der Karten sollten die Begriffe laut genannt werden.

3. Sicherung (ca. 5–10 Min.)

Zeichnen Sie eine Tabelle (zwei Spalten mit Überschriftenzeile) an die Tafel. Zeichnen Sie ein Haus über die linke Spalte, einen Gartenzaun über die rechte Spalte.
Ordnen Sie zusammen mit den Kindern die Gegenstände nach „im Haus" oder „vor dem Haus". Hängen Sie die Bilder in die entsprechende Spalte und sprechen Sie dazu mit den Kindern, z. B. „Die Treppe ist im Haus."
Wenn noch Zeit bleibt, spielen Sie das Spiel „Was ist falsch?": Bitten Sie die Kinder, die Augen zu schließen. Vertauschen Sie zwei Karten, bevor die Kinder die Augen wieder öffnen. Ein Kind nennt die Fehler, z. B. „Die Treppe ist nicht vor dem Haus. Sie ist im Haus." und hängt die Karten an die richtige Stelle. Dann vertauscht das Kind Karten.

Kopiervorlage

Im Haus oder vor dem Haus? – Bildkarten

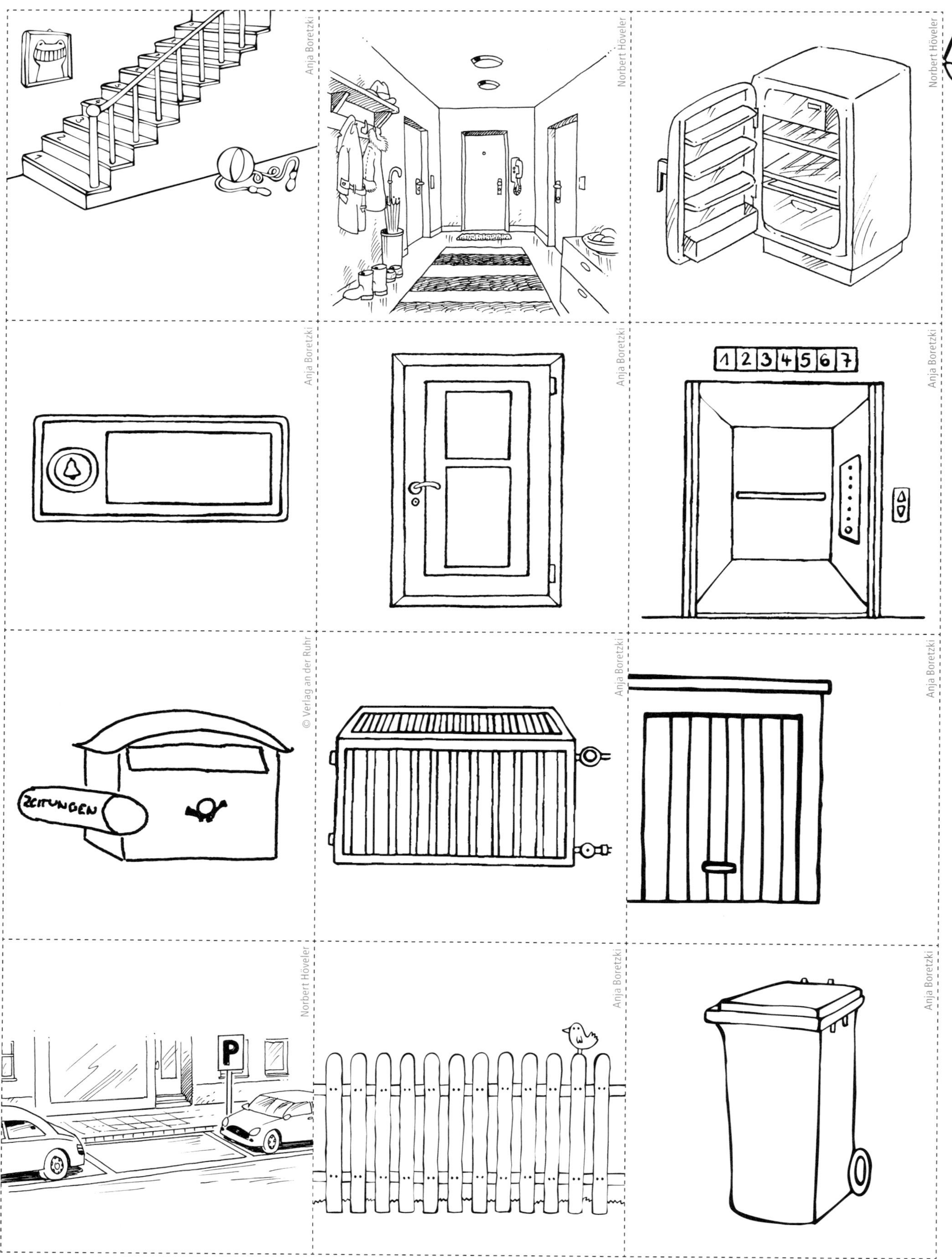

© Verlag an der Ruhr | Autorin: Nina Wilkening | ISBN 978-3-8346-6250-7 | www.verlagruhr.de

Im Haus oder vor dem Haus?

1. Schneide die Bilder aus.

2. Klebe die Bilder an die richtige Stelle.

Anja Boretzk

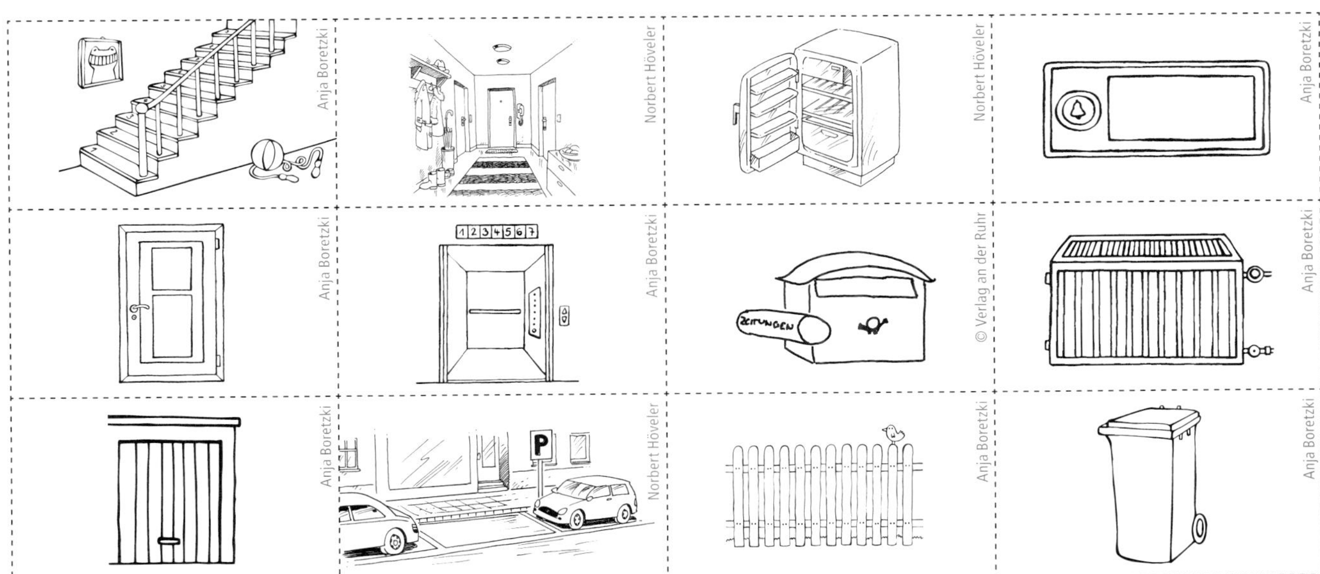

Schere, Klebestift: Anja Boretzki

© Verlag an der Ruhr | Autorin: Nina Wilkening | ISBN 978-3-8346-6250-7 | www.verlagruhr.de

7. Im Badezimmer – Grammatik: Präpositionen

Thema

Wörter zum Wortschatz „Badezimmer" und Gebrauch einiger Präpositionen

Kompetenzerwartungen

Die Kinder ...
- kennen die Namen für verschiedene Badutensilien.
- können Präpositionen richtig gebrauchen.

Materialliste

Kopiervorlage „Im Badezimmer – Bildkarten"

Das bereiten Sie vor

- Kopieren Sie die Bildkarten einmal so groß, dass Sie sie zur Wortschatzeinführung an die Tafel hängen können, und schneiden Sie sie auseinander.
- Stellen Sie für die Gruppen (zwei bis vier Kinder) Memo-Karten her. Kopieren Sie dazu die Kopiervorlage „Im Badezimmer – Bildkarten" 2-mal pro Gruppe und schneiden Sie die Karten auseinander. Bewahren Sie sie in einem Umschlag auf.

Stundenverlauf

1. Einstieg/Arbeitsphase 1 (ca. 10–15 Min.)

Vermitteln Sie den Kindern den Wortschatz „Badezimmer", indem Sie die Karten einzeln an die Tafel hängen und die Kinder chorisch sprechen lassen.
Spielen Sie das Spiel „Kartentausch". Jedes Kind erhält eine kleine Karte und geht durch das Klassenzimmer. Treffen sich zwei Kinder, zeigen sie nacheinander ihre Karten und fragen: „Was ist das?"

2. Arbeitsphase 2 (ca. 10 Min.)

Verteilen Sie die Memo-Karten. Die Kinder üben den Wortschatz, indem sie damit nach den Regeln des bekannten Memoryspiels spielen. Beim Umdrehen der Karten sollten die Begriffe laut genannt werden. Brechen Sie die Phase nach ca. 10 Minuten ab.

3. Arbeitsphase 3 (ca. 10 Min.)

Sortieren Sie mit den Kindern gemeinsam, was zusammengehört: Nehmen Sie eine Gegenstandskarte und fragen Sie z. B.: „Wohin gehört die Zahnbürste?" Ein Kind sucht den Zahnputzbecher. Hängen Sie beide Karten nebeneinander und sprechen Sie gemeinsam: „Die Zahnbürste gehört in den Zahnputzbecher." Verfahren Sie so mit allen Karten.
Kartenpaare sind: Waschbecken – Seife, Badeente – Wanne, Shampoo – Dusche, Zahnbürste – Zahnputzbecher, Teppich – Fußboden, Schmutzwäsche – Wäschekorb.
Zum Schrank passen das Handtuch *und* die Creme, zur Toilette das Toilettenpapier *und* die Klobürste.

Mischen Sie anschließend die Karten wieder. Suchen Sie zwei Karten aus, hängen Sie sie nebeneinander und fragen Sie, ob die Zuordnung stimmt: „Gehört die Zahnbürste in die Dusche?" Die Kinder können mit Kopfschütteln oder „Nein, die Zahnbürste gehört in den Zahnputzbecher." antworten. Probieren Sie das mit mehreren Bildern. Anschließend machen die Kinder diese Übung in einer Kleingruppe von drei oder vier Kindern.

3. Sicherung (ca. 5–10 Min.)

Spielen Sie zum Abschluss noch einmal das Spiel „Kartentausch". Dieses Mal fragen die Kinder nicht nur „Was ist das?", sondern auch „Was gehört dazu?".

Im Badezimmer – Bildkarten (1/2)

© Verlag an der Ruhr | Autorin: Nina Wilkening | ISBN 978-3-8346-6250-7 | www.verlagruhr.de

Im Badezimmer – Bildkarten (2/2)

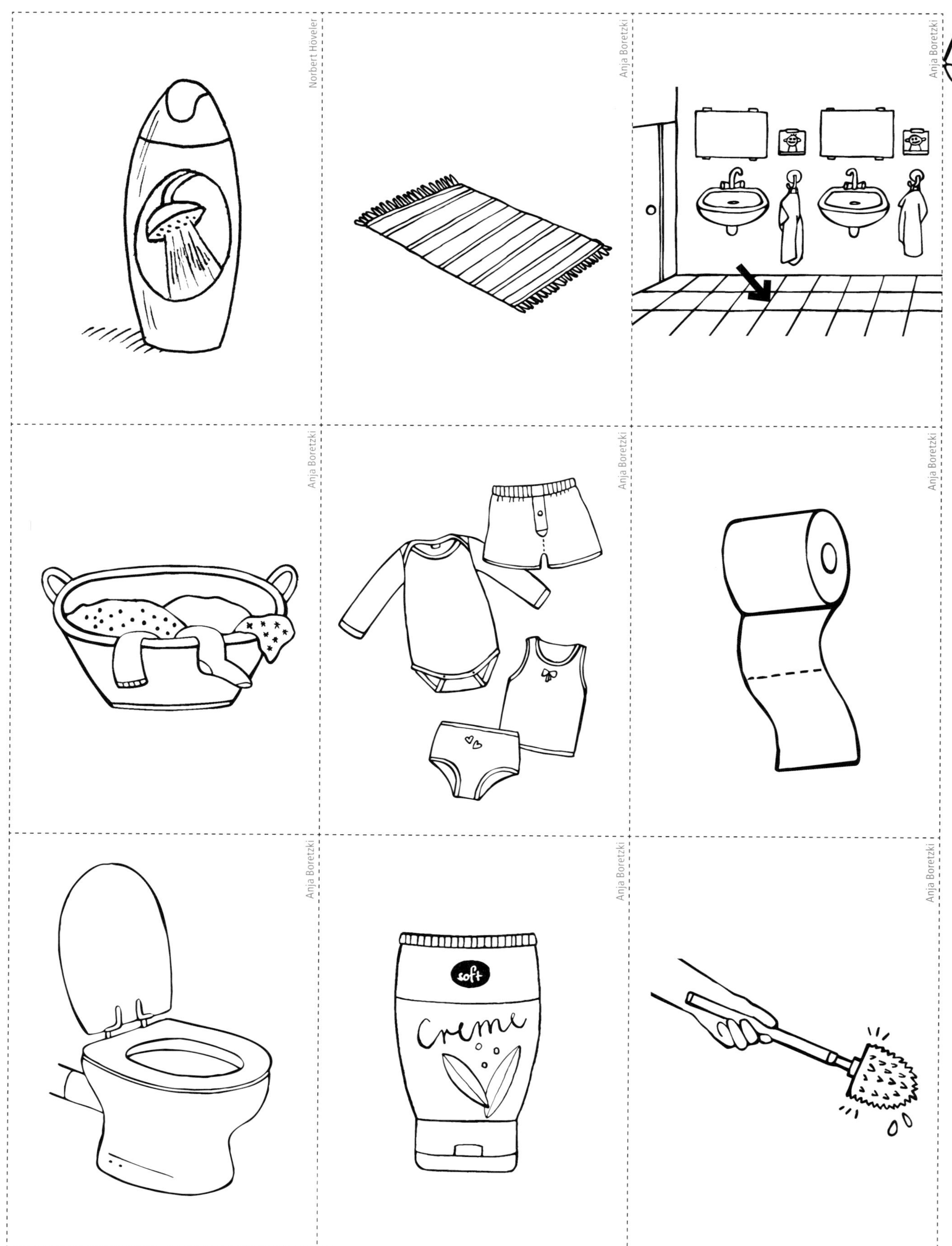

8. Geschäfte

Thema

Bezeichnungen für Geschäfte und Waren

Kompetenzerwartungen

Die Kinder …

- können einzelne Geschäfte und Waren benennen.
- können Waren dem passenden Geschäft zuordnen.

Materialliste

- Kopiervorlage „Geschäfte – Bildkarten“
- Kopiervorlage „Geschäfte – Brettspielvorlage“
- *pro Kind:* eine Spielfigur
- *pro 3er- oder 4er-Gruppe:* ein Würfel

Das bereiten Sie vor

- Kopieren Sie die Bildkarten einmal groß, sodass Sie die Karten zur Wortschatzeinführung nutzen können. Schneiden Sie die Karten auseinander.
- Kopieren Sie alle Kopiervorlagen jeweils für eine Spielgruppe (drei oder vier Kinder). Schneiden Sie die Karten aus. Es werden nur die Warenkärtchen benötigt.

Stundenverlauf

1. Einstieg (ca. 10–15 Min.)

Führen Sie den Wortschatz ein, indem Sie die vergrößerten Bildkarten, zunächst nur der Geschäfte, an die Tafel hängen und chorisch sprechen. Hängen Sie anschließend auch die anderen Bildkarten an die Tafel, besprechen Sie mit den Kindern, wie die Waren heißen, und ordnen Sie diese gemeinsam den Geschäften zu (immer drei Waren pro Geschäft).
Üben Sie die Phrasen ein:
„Ich will … (z. B. Eier/Tabletten) kaufen. Ich gehe … (zum Supermarkt/in die Apotheke).“

Auf den nachfolgenden Kopiervorlagen finden Sie die folgenden Begriffe als Bildkarten:
S. 32: Apotheke, Supermarkt, Bäckerei, Schuhgeschäft, Drogerie, Getränkeladen, Bekleidungsgeschäft, Metzgerei, Blumenladen, Baumarkt
S. 33: Flaschen, T-Shirt, Salami, Sonnenblume, Hammer, Blumenstrauß, Jeans, Nägel, Schuhe, Blumensamen, Pullover, Säge, Gummistiefel, Limonade, Brötchen
S. 34: Seife, Bonbon, Orangensaft, Kuchen, Shampoo, Pflaster, Fleisch, Würstchen, Zeitung, Joghurt, Tabletten, Eier, Brot, Turnschuhe, Zahnpasta

2. Arbeitsphase (ca. 20 Min.)

Teilen Sie die Lerngruppe in 3er-oder 4er-Gruppen ein. Verteilen Sie die Spielmaterialien und erklären Sie das Spiel: Zunächst werden alle Warenkarten gleichmäßig verteilt (in der 3er-Gruppe bleiben Karten übrig).
Ziel des Spiels ist, alle Karten nacheinander im passenden Laden abzulegen. Jedes Kind legt zunächst eine Karte vor sich hin. Die Kinder würfeln und steuern das passende Geschäft an, um dort die Karte abzulegen. Wer eine höhere Zahl würfelt, als er zum Erreichen des Ladens benötigt, darf die restlichen Schritte wieder zurückgehen. Die Kinder ziehen ihre Figur und sagen dabei (z. B.): „Ich gehe zur Bäckerei. Ich kaufe in der Bäckerei ein Brot.“ Sind sie beim Geschäft angekommen, legen sie ihre Karte dort ab, setzen ihre Spielfigur auf das Startfeld zurück und decken die nächste Warenkarte auf. Gewonnen hat, wer zuerst alle Karten in den Geschäften abgelegt hat.

3. Sicherung (ca. 10 Min.)

Halbieren Sie die Lerngruppe. Jede Gruppe bekommt einen Satz Waren-Karten und verteilt diese an die Kinder. Verteilen Sie die großen Geschäfte-Karten gut sichtbar im Klassenzimmer. Nehmen Sie einen dritten Waren-Karten-Satz in die Hand. Benennen Sie die Ware, die auf der obersten Karte abgebildet ist. In jeder Gruppe gibt es ein Kind, das diese Karte auch hat. Dieses Kind rennt möglichst schnell zur passenden Geschäfte-Karte. Kontrollieren Sie gemeinsam, ob Ware und Geschäft stimmen, und notieren Sie einen Punkt für die entsprechende Gruppe.

Geschäfte – Bildkarten (1/3)

Geschäfte – Bildkarten (2/3)

© Verlag an der Ruhr | Autorin: Nina Wilkening | ISBN 978-3-8346-6250-7 | www.verlagruhr.de

Geschäfte – Bildkarten (3/3)

© Verlag an der Ruhr | Autorin: Nina Wilkening | ISBN 978-3-8346-6250-7 | www.verlagruhr.de

Geschäfte – Brettspielvorlage

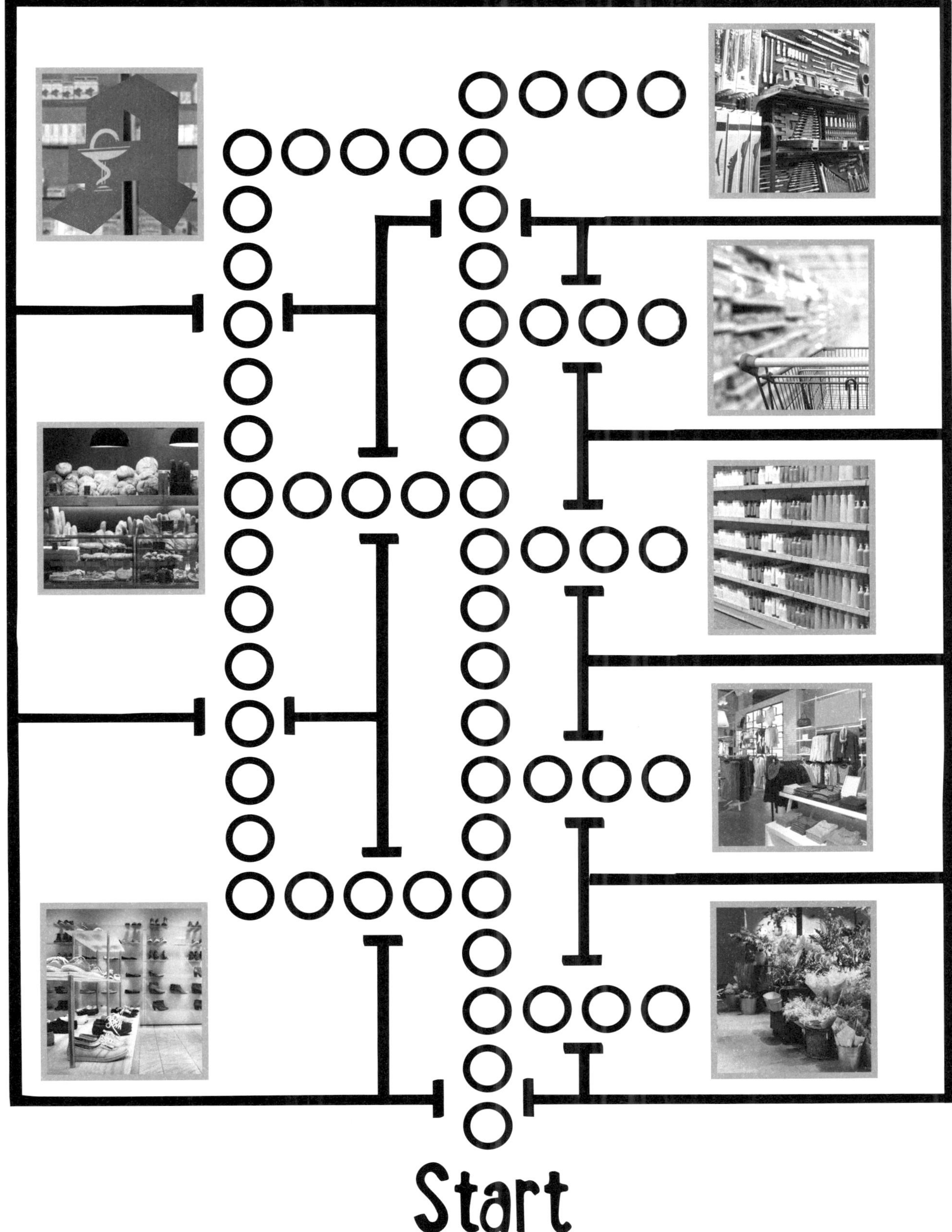

 © Verlag an der Ruhr | Autorin: Nina Wilkening | ISBN 978-3-8346-6250-7 | www.verlagruhr.de

Mini-Einheit: Freundschaft

In der Mini-Einheit „Freundschaft" geht es genau darum: Freundschaften sind ein wichtiges Thema. Um miteinander kommunizieren zu können und Freundschaften zu schließen und zu pflegen, lernen die Kinder hier einige Begriffe für Freizeitaktivitäten und Feiern. Sie lernen, wie man andere zum gemeinsamen Spiel oder Ausüben einer anderen Freizeitaktivität auffordern kann und wie man selbst das eigene Interesse oder die eigene Ablehnung verständlich formuliert. Als eine wichtige gemeinsame Aktivität wird das Feiern eines Geburtstags thematisiert. Das Wortfeld „sprechen" wird abschließend betrachtet und in ganz kleinen Ansätzen die Verbkonjugation eingeführt.

Die Mini-Einheit setzt sich aus folgenden Stunden zusammen:

Stunde 9: Mit Freund*innen Zeit verbringen

Die Kinder erweitern ihren **Wortschatz** zum Thema **„Freizeitaktivitäten"** und lernen, Freund*innen zu einer Freizeitaktivität **aufzufordern**, indem sie z. B. fragen: „Willst du schaukeln?". Auch die Antwortmöglichkeiten „Ja, ich will (schaukeln)." oder „Nein, ich will nicht (schaukeln)." werden eingeübt.

Stunde 10: Geburtstag feiern

In dieser Stunde erweitern und/oder festigen die Kinder ihren **Wortschatz** zum Thema **„Feiern"**. Sie wiederholen die **Farbadjektive** und wenden ihr Wissen an.

Stunde 11: Wortfeld „sprechen" – Konjugation

In dieser Stunde sollen die Kinder einerseits ihren **Wortschatz** zum **Wortfeld „sprechen"** erweitern. Andererseits sollen sie erste Einblicke in die **Konjugation der Verben** im Präsens erhalten. Dies soll aber nur in Ansätzen geschehen, da die Konjugation bereits sehr anspruchsvoll ist. Der Schwerpunkt der Stunde liegt auf der Wortschatzerweiterung.

Mit Freund*innen Zeit verbringen

Thema

Bezeichnungen für verschiedene Freizeitaktivitäten, Austausch über Vorlieben und Unternehmungen

Kompetenzerwartungen

Die Kinder ...

- kennen Verben zum Wortschatz „Freizeitaktivitäten".
- können erfragen, ob jemand eine bestimmte Freizeitaktivität mit ihnen unternehmen möchte
- können ihre eigenen Vorlieben und Abneigungen bekunden.

Materialliste

- Kopiervorlage „Mit Freund*innen Zeit verbringen – Bildkarten"
- Kopiervorlage „Mit Freundinnen und Freunden Zeit verbringen – Brettspielvorlage"
- *pro Kind:* eine Spielfigur
- *pro 3er- oder 4er-Gruppe:* ein Würfel

Das bereiten Sie vor

- Kopieren Sie die Bildkarten einmal so groß, dass Sie sie zur Wortschatzeinführung nutzen können, und schneiden Sie sie auseinander.
- Kopieren Sie die Bildkartenvorlage so oft, dass Sie für jedes Kind eine Karte ausschneiden können.
- Kopieren Sie die Brettspielvorlage einmal pro Gruppe (drei oder vier Spieler*innen).

Stundenverlauf

1. Einstieg (ca. 10–15 Min.)

Führen Sie den Wortschatz ein, indem Sie die vergrößerten Bildkarten an die Tafel hängen und chorisch sprechen.
Üben Sie die Phrasen ein:
„Willst du ... (schaukeln)?"
„Ja, ich will ... (schaukeln)."
„Nein, ich will nicht ... (schaukeln)."
Spielen Sie das Spiel „Kartentausch": Geben Sie jedem Kind eine Bildkarte. Die Kinder gehen im Raum umher. Treffen sie ein anderes Kind, befragen sie sich gegenseitig zu der Aktivität, die auf ihrer Bildkarte abgebildet ist, z. B. „Willst du ... (schaukeln)?". Das Partnerkind antwortet wie eingeübt und fragt dann seinerseits nach der abgebildeten Aktivität auf seiner Karte. Anschließend tauschen die Kinder die Karten und suchen sich ein anderes Partnerkind.

2. Arbeitsphase (ca. 20–25 Min.)

Die Schüler*innen spielen in 3er- oder 4er-Gruppen das Brettspiel: Jedes Kind stellt seine Spielfigur auf das Startfeld. Das erste Kind würfelt und zieht seine Figur.
Es befragt ein anderes Kind zur abgebildeten Aktivität. Dieses Kind antwortet wie geübt. Das Spiel ist beendet, wenn alle Spielenden im Ziel sind.

3. Sicherung (ca. 5–10 Min.)

Spielen Sie „Menschen-Memo" mit den Freizeitaktivitäten dieser Stunde. Dazu gehen zwei Kinder vor die Tür. Alle anderen Kinder finden sich in Paaren zusammen, die untereinander eine Freizeitaktivität mit einer Geste vereinbaren. Sie setzen sich getrennt voneinander auf die Tische. Die Spielerkinder kommen wieder herein. Ein Spielerkind ruft zwei Schüler*innen auf. Diese nennen ihre Freizeitaktivität und stellen die verabredete Geste vor. Sind sie ein „Paar", setzen sie sich. Das Spielerkind erhält einen Punkt und darf weitermachen. Das Spiel ist beendet, wenn alle Paare gefunden wurden.
Es können mehrere Runden gespielt werden.

Kopiervorlage

Mit Freund*innen Zeit verbringen – Bildkarten (1/2)

Kopiervorlage

Mit Freund*innen Zeit verbringen – Bildkarten (2/2)

© Verlag an der Ruhr | Autorin: Nina Wilkening | ISBN 978-3-8346-6250-7 | www.verlagruhr.de

Zeit mit Freundinnen und Freunden – Brettspielvorlage

Start →

1	2	3	4	5
10	9	8	7	6
11	12	13	14	15
20	19	18	17	16
21	22	23	24	25

→ Ziel

10. Geburtstag feiern

Thema

Wortschatz zum Thema „Geburtstag"

Kompetenzerwartungen

Die Kinder …
- kennen Wörter rund um das Thema „Geburtstag".
- können Bilder nach Diktat in der richtigen Farbe anmalen.

Materialliste

- Kopiervorlage „Geburtstag feiern – Bildkarten"
- *pro Kind:* ein Farbstift in den Farben grün, gelb, blau, rot, orange, schwarz, braun

Das bereiten Sie vor

- Kopieren Sie die Kopiervorlage einmal so groß, dass Sie die Bildkarten zur Wortschatzeinführung an die Tafel hängen können. Schneiden Sie die Bildkarten auseinander.
- Kopieren Sie die Kopiervorlage zusätzlich einmal im Klassensatz.

Stundenverlauf

1. Einstieg (ca. 10–15 Min.)

Führen Sie den Wortschatz ein, indem Sie die Bildkarten einzeln nacheinander an die Tafel hängen und mit den Schüler*innen chorisch sprechen.
Spielen Sie mit den Schüler*innen das Spiel „Plopp": Hängen Sie dazu eine Hälfte der Bildkarten in ein oder zwei Reihen nebeneinander an die Tafel. Alle Kinder müssen stehen. Das erste Kind benennt das erste Bild, das zweite Kind das zweite Bild usw. Ist die Bilderreihe zu Ende, sagt das Kind, das nun dran wäre, „Plopp" und setzt sich hin. Das nächste Kind beginnt wieder von vorn mit dem ersten Bild. Das Spiel ist zu Ende, wenn nur noch ein Kind übrig ist. Spielen Sie eine weitere Runde mit der anderen Hälfte der Karten.

2. Arbeitsphase (ca. 20–25 Min.)

Verteilen Sie die Kopiervorlage. Jedes Kind markiert jedes Bild auf seiner Kopiervorlage mit einem Zeichen (z. B. einem farbigen Punkt oder den Initialen des Namens). Die Kinder legen außerdem Stifte in den angegebenen Farben zurecht. Lesen Sie die folgenden Sätze langsam vor und geben Sie den Kindern Zeit, die Gegenstände in der passenden Farbe anzumalen:
„Das Geburtstagskind hat ein rotes T-Shirt. Auf dem Kopf hat es eine gelbe Krone mit einem roten Stern."
Erklären Sie den Kindern nun, dass sie zu viert zusammengehen sollen. Jeweils ein Kind legt fest, in welcher Farbe ein Bild angemalt werden soll (z. B. „Der Luftballon ist rot."). Anschließend malen alle Kinder der Gruppe das Bild an. So geht es reihum, bis alle Bilder angemalt sind. Sind die Gruppen mit dem Anmalen fertig, schneiden die Kinder die Karten aus und spielen gemeinsam mit zwei Kartensätzen Memo. Beim Umdrehen der Karten sollten die Begriffe laut genannt werden.

3. Sicherung (ca. 5–10 Min.)

Hängen Sie alle Bildkarten an die Tafel. Spielen Sie das Spiel „Was fehlt?": Fordern Sie die Kinder zunächst auf: „Schließt eure Augen." Nehmen Sie ein oder zwei Bilder weg. Fordern Sie die Kinder auf: „Öffnet die Augen." Fragen Sie: „Was fehlt?" Rufen Sie ein Kind auf, das sich meldet. Es benennt die fehlende(n) Karte(n) und darf in der nächsten Runde ein oder zwei Karten wegnehmen.

Kopiervorlage

Geburtstag feiern – Bildkarten

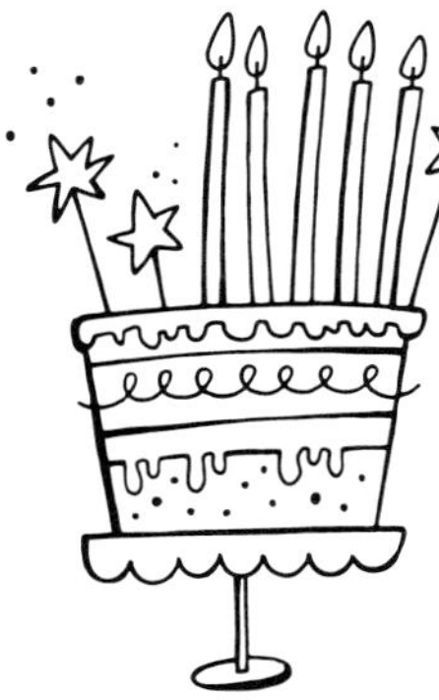

Anja Boretzki

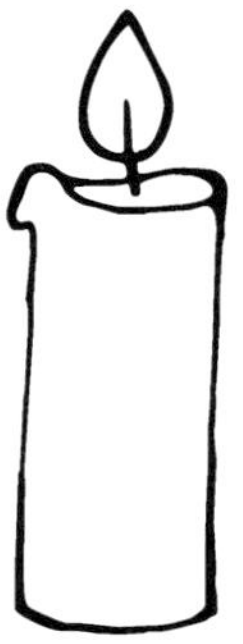

Anja Boretzki

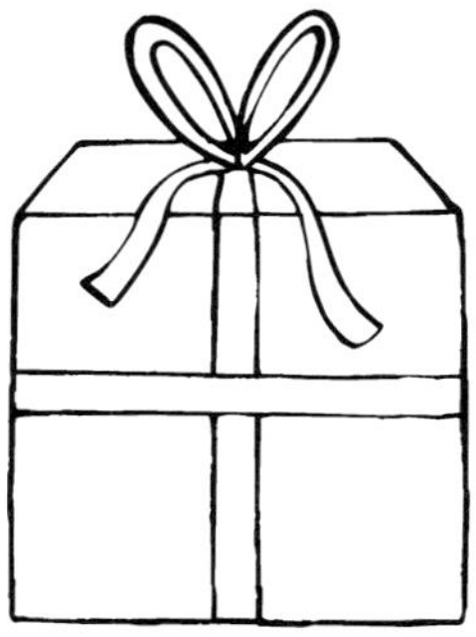

Anja Boretzki

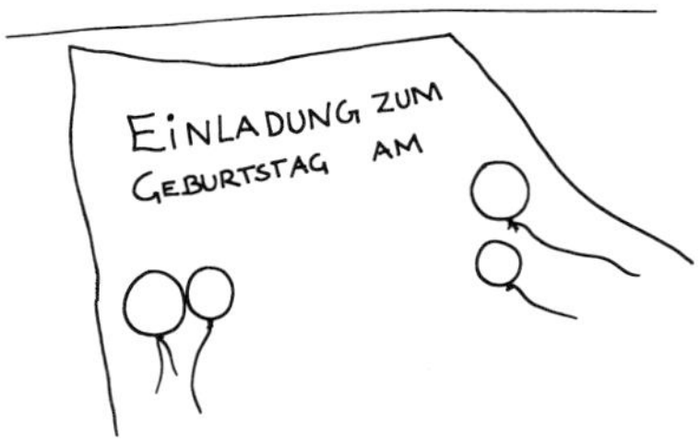
EINLADUNG ZUM
GEBURTSTAG AM

Petra Lefin

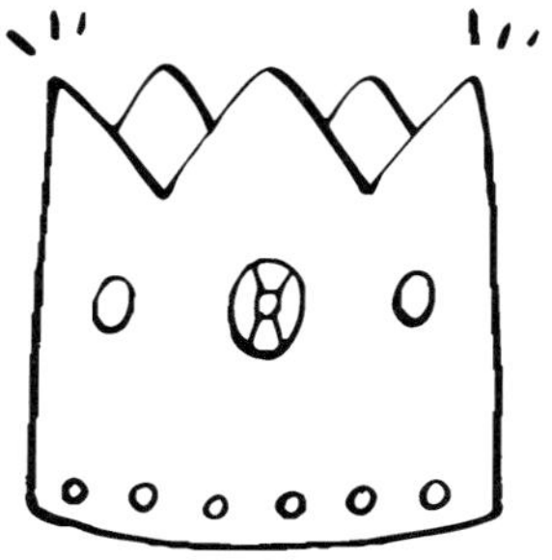

Anja Boretzki

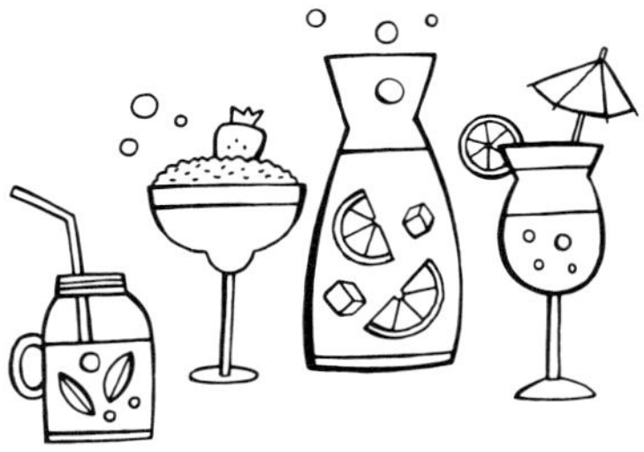

Anja Boretzki

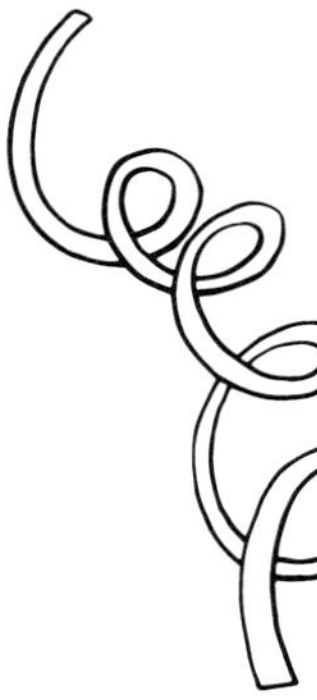

© Verlag an der Ruhr

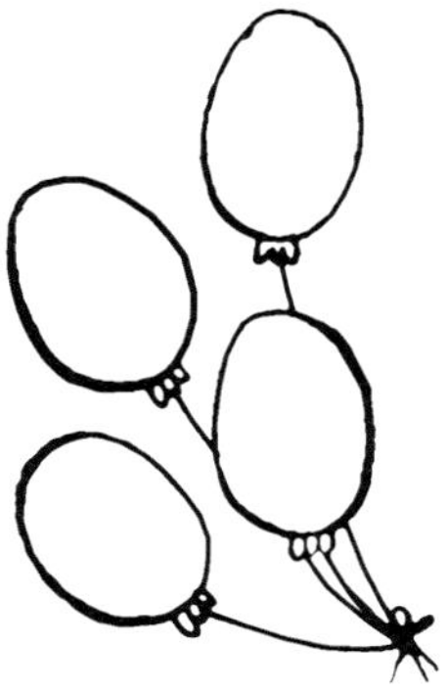

Anja Boretzki

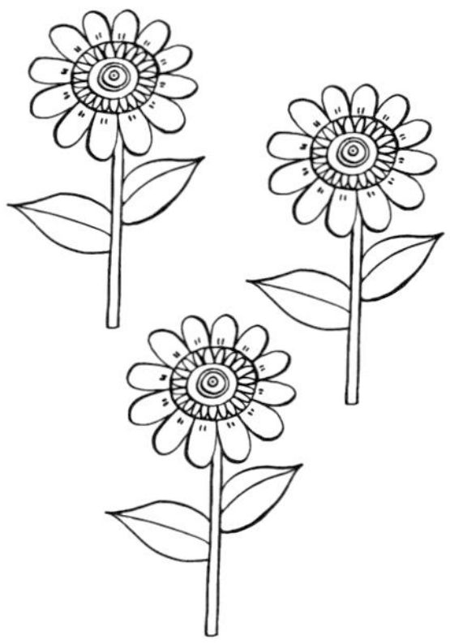

Anja Boretzki

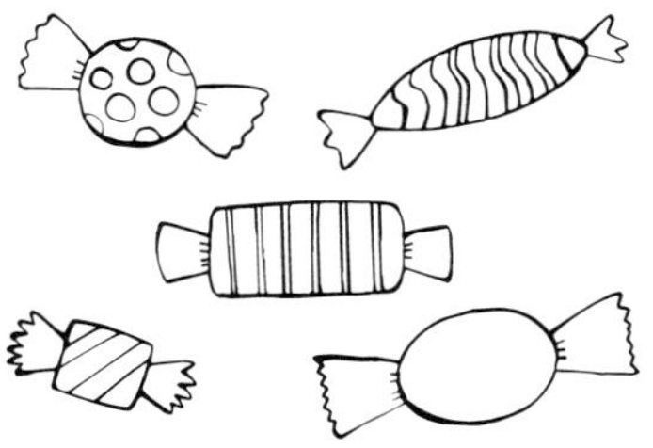

Anja Boretzki

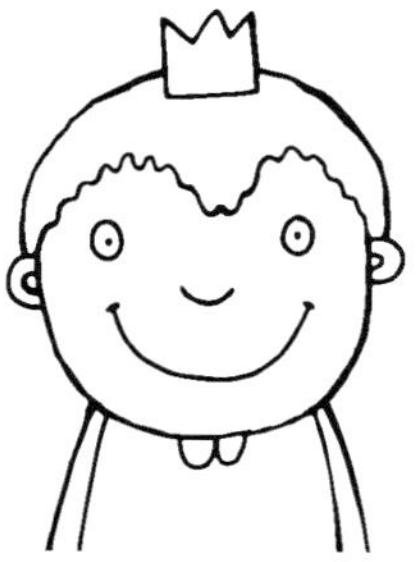

Anja Boretzki

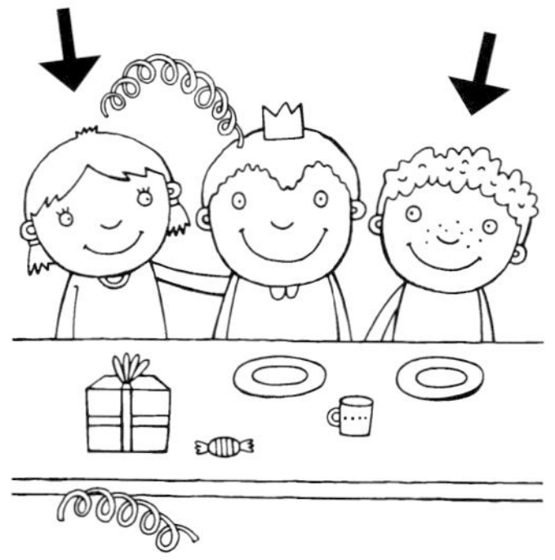

Anja Boretzki

 © Verlag an der Ruhr | Autorin: Nina Wilkening | ISBN 978-3-8346-6250-7 | www.verlagruhr.de

11. Wortfeld „sprechen" – Konjugation

Thema

Ausgewählte Verben des Wortfelds „sprechen", Einblicke in die Konjugation

Kompetenzerwartungen

Die Kinder …

- kennen ausgewählte Verben des Wortfelds „sprechen".
- können in Ansätzen konjugieren.

Materialliste

- Kopiervorlage „Wortfeld ‚sprechen' – Wort-Bild-Karten"
- *pro 2er-, 3er- oder 4er-Gruppe:* ein Würfel

Das bereiten Sie vor

- Kopieren Sie die Wort-Bild-Karten so groß, dass Sie sie zur Wortschatzeinführung an die Tafel hängen können. Schneiden Sie die Karten auseinander.
- Kopieren Sie die Kopiervorlage für jede Gruppe einmal und schneiden Sie die Karten aus.

Stundenverlauf

1. Einstieg (ca. 20–25 Min.)

Führen Sie den Wortschatz ein, indem Sie die Wort-Bild-Karten (zunächst nur die Verben) einzeln nacheinander an die Tafel hängen und mit der Lerngruppe chorisch sprechen. Unterstützen Sie das Verständnis, indem Sie Gestik, Mimik und entsprechende Intonation benutzen. Stellen Sie sich mit den Kindern in einen Kreis. Drehen Sie sich zum linken Nachbarkind und nennen Sie ihm laut eines der Verben. Dieses „gibt" das Verb weiter, bis es wieder bei Ihnen angekommen ist. Verfahren Sie so mit mehreren Verben. Schwieriger wird es, wenn Sie gleichzeitig ein Verb nach links und eins nach rechts weitergeben. Stoppen Sie zwischendrin und fragen Sie nach, wo die Verben gerade „angekommen" sind.

Üben Sie nun folgenden Klatschrhythmus mit den Kindern ein und sprechen Sie dazu:

1. auf die Oberschenkel klatschen, vor dem Körper in die Hände klatschen
2. mit der rechten Hand schnipsen („Frau Meier ruft …")
3. mit der linken Hand schnipsen („… Ali.")

Nachdem Sie den Namen des Kindes (z. B. „Ali") gerufen haben, klatscht dieses und ruft seinerseits ein anderes Kind.
Haben die Kinder das Prinzip verstanden, spielen Sie das Spiel abgewandelt mit den Verben aus dem Wortfeld. Dann heißt es: „Frau Meier fragt/jammert/flüstert … Ali." Zeigen Sie dazu jeweils auf das Bild und unterstützen Sie durch passende Intonation.
Damit alle Kinder drankommen, ist es sinnvoll, wenn zu Beginn einer Runde alle aufstehen. Wer dran war, setzt sich hin.
Hängen Sie nun die Personalpronomen-Karten an die Tafel (linke Spalte: ich, du, er/sie/es, rechte Spalte: wir, ihr, sie). Konjugieren Sie gemeinsam einige der Verben, indem Sie die Wort-Bild-Karte des Verbs jeweils neben die Personalpronomen-Karte halten.

2. Arbeitsphase (ca. 15 Min.)

Malen Sie neben die Personalpronomen-Karten Würfelbilder (ich = 1, du = 2 usw.).
Teilen Sie die Kinder in 2er- bis 4er-Gruppen auf.
Die Kinder ziehen eine Verben-Karte und würfeln.
Sie formulieren entsprechend, z. B. bei „1" und „flüstern": „Ich flüstere."

3. Sicherung (ca. 5–10 Min.)

Wiederholen Sie die Spiele aus dem Einstieg.

Hinweis für die Lehrkraft

Sollten Sie das Schriftbild noch nicht mit einführen wollen, können Sie bei den Wort-Bild-Karten den unteren Teil abschneiden. Dieser dient in erster Linie der Eindeutigkeit für Sie als Lehrkraft, damit Sie die Bilder zuordnen können.

Kopiervorlage

Wortfeld „sprechen“ – Wort-Bild-Karten

sprechen	**erzählen**	**flüstern**	**schreien**
fragen	**streiten**	**singen**	**begrüßen**
telefonieren	**erklären**	**ich**	**du**
er/sie/es	**wir**	**ihr**	**sie**

© Verlag an der Ruhr | Autorin: Nina Wilkening | ISBN 978-3-8346-6250-7 | www.verlagruhr.de

Klasse 2

Mini-Einheit: Mein Tag

In der Mini-Einheit „Mein Tag" geht es genau darum:
Die Kinder setzen sich mit täglich wiederkehrenden Elementen eines Tagesablaufes auseinander. Sie bestimmen Uhrzeiten und fragen nach einer Uhrzeit.
Es bietet sich an, diese Einheit dann durchzuführen, wenn im Sachunterricht und/oder Mathematikunterricht gerade die Uhrzeiten thematisiert werden. Alternativ kann diese Einheit auch eine Zeit nach der Einführung der Uhrzeiten durchgeführt werden, um die Inhalte zu festigen.

Die Mini-Einheit setzt sich aus folgenden Stunden zusammen:

Stunde 12: Meldas Tag

In dieser Stunde lernen die Kinder **Verben**, die zu einem normalen **Tagesablauf** gehören (z. B. aufstehen, Zähne putzen, schlafen) kennen. Die **Bewegungsgeschichte** unterstützt das Verständnis. In der Arbeitsphase ordnen die Kinder die Bilder der Bewegungsgeschichte nach der Reihenfolge. Hierbei wiederholen sie die **Uhrzeiten** oder lernen diese kennen.

Stunde 13: Uhrzeiten

In dieser Stunde üben die Kinder das **Lesen der Uhrzeiten** und wiederholen und/ oder vertiefen ihren **Wortschatz** zum Thema **„Aktivitäten"**.

Stunde 14: Zeitpunkte bestimmen

Diese Stunde schließt an Stunde 13 an. Es kommen die Bildkarten aus Stunde 13 zum Einsatz.
Die Kinder fragen nach einer **Aktivität** und einem **Zeitpunkt**: „Gehen wir zusammen ins Kino?"/„Wann gehen wir zusammen ins Kino?". Sie üben auch die Antwort: „Ja, wir gehen zusammen ins Kino."/„Wir gehen um 17 Uhr ins Kino."

12. Meldas Tag

Thema

Lernen von Verben, die zu einem typischen Tagesablauf gehören

Kompetenzerwartungen

Die Kinder …

- kennen Verben, die zu einem typischen Tagesablauf gehören.
- stellen die Verben pantomimisch dar.

Materialliste

- Arbeitsblatt „Meldas Tag – Bewegungsgeschichte"
- *pro Kind:* ein Blanko-DIN-A4-Blatt, eine Schere, ein Klebestift

Das bereiten Sie vor

- Kopieren Sie die Bilder des Arbeitsblattes einmal so groß, dass Sie sie an die Tafel hängen können. Schneiden Sie die Bilder auseinander.
- Kopieren Sie das Arbeitsblatt zusätzlich im Klassensatz.

Stundenverlauf

1. Einstieg (ca. 15 Min.)

Hängen Sie die vergrößerten Bildkarten nebeneinander in der Reihenfolge der Geschichte an die Tafel. Lesen Sie die Geschichte vor und zeigen Sie dabei auf die Bildkarten.

Meldas Tag
Morgens um 7 Uhr wacht Melda auf. Sie reibt sich die Augen, dann gähnt sie und streckt sich. Sie geht in die Küche und frühstückt. Sie trinkt einen Kakao und isst ein Brot. Dann geht Melda in die Schule. Um 13 Uhr isst Melda in der Schulkantine zu Mittag. Um 15 Uhr fährt Melda mit dem Bus zum Schwimmbad. Um 16 Uhr schwimmt Melda. Abends sieht Melda mit ihrer Familie fern. Dann ist es Zeit für das Bett: Um 20 Uhr putzt Melda sich die Zähne. Danach geht sie ins Bett und schläft.

Üben Sie den Wortschatz ein, indem Sie chorisch sprechen („sie geht", „sie putzt die Zähne"). Lesen Sie die Geschichte vor und machen Sie gemeinsam mit den Kindern passende Bewegungen dazu. Evtl. kann ein leistungsstärkeres Kind dabei auf die Bilder zeigen.

2. Arbeitsphase (ca. 20–25 Min.)

Zeigen Sie den Kindern das Arbeitsblatt und erklären Sie, dass sie nun die Bilder ausschneiden und, der Reihe nach geordnet, aufkleben sollen. Kontrollieren Sie, bevor die Kinder aufkleben. Decken Sie dabei die Bilder an der Tafel ab.
Kinder, die die Bilder aufgeklebt haben, lesen den Zusatz und malen die Bilder entsprechend an.
Wenn noch Zeit übrig sein sollte, können sich die Kinder zu zweit oder zu dritt zusammensetzen und versuchen, die Geschichte mit Bewegungen zu erzählen.

3. Sicherung (ca. 5–10 Min.)

Spielen Sie mit den Kindern Pantomime. Die Kinder sollen typische Bewegungen, die man an einem Tag durchführt (Zähne putzen, gähnen, essen, aber auch Fußball spielen, laufen), vormachen.
Abschließend können Sie die Bewegungsgeschichte noch ein- bis 2-mal vorlesen und mit allen Kindern „spielen".
Sie können dabei ein bisschen mehr Spaß und Abwechslung hineinbringen, wenn Sie die einzelnen Sätze sehr langsam (z. B. gähnen, essen) oder schnell (z. B. anziehen) vorlesen.

Arbeitsblatt

Meldas Tag – Bewegungsgeschichte

Zusatz: Male an. 

1. **Melda hat einen roten Pulli.**
2. **Meldas Nachthemd ist grün.**
3. **Meldas Zahnbürste ist gelb.**
4. **Meldas Kissen ist blau.**

13. Uhrzeiten

Thema

Lesen von Uhrzeiten und Zuordnen von Aktivitäten zu den Tageszeiten

Kompetenzerwartungen

Die Kinder …

- können Uhrzeiten lesen.
- kennen Verben für bestimmte Aktivitäten
- können angeben, zu welchen Uhrzeiten bestimmte Aktivitäten normalerweise stattfinden.

Materialliste

- Kopiervorlage „Uhrzeiten – Bildkarten"
- *pro Kind:* ein Blanko-DIN-A4-Blatt

Das bereiten Sie vor

- Kopieren Sie die Bildkarten so groß, dass Sie sie an die Tafel hängen können. Schneiden Sie die Karten auseinander.
- Kopieren Sie die Bildkarten zusätzlich einmal pro Gruppe, schneiden Sie auch hier die Karten aus.

Stundenverlauf

1. Einstieg (ca. 10–15 Min.)

Führen Sie den Wortschatz ein, indem Sie die Bildkarten einzeln nacheinander an die Tafel hängen und mit den Schüler*innen chorisch sprechen. Sinnvoll ist es, diese Stunde dann durchzuführen, wenn die Kinder die Uhrzeiten gerade im Mathematik- und/oder Sachunterricht durchnehmen oder bereits kennen. Dann müssen die Uhrzeiten an dieser Stelle nur wiederholt werden.

2. Arbeitsphase (ca. 20–25 Min.)

Die Kinder spielen in 2er- bis 4er-Gruppen. Sie sortieren die Karten auf zwei verdeckte Stapel (Uhrzeiten und Aktivitäten). Das erste Kind zieht von jedem Stapel eine Karte, legt beide Karten nebeneinander und formuliert einen Satz, z. B. „Um 12 Uhr gehe ich schwimmen." Anschließend überlegt das Kind, ob dies möglich/wahrscheinlich ist. Kann die Frage mit „Ja" beantwortet werden, schreibt das Kind den Satz auf ein Blatt.
Die anderen Kinder machen es ebenso. Wurden alle Karten gespielt, werden beide Stapel neu gemischt.
Das Spiel ist beendet, wenn jedes Kind zehn sinnvolle Sätze aufgeschrieben hat oder die Zeit abgelaufen ist.
Beenden Sie diese Phase nach spätestens 20 Minuten.

3. Sicherung (ca. 5–10 Min.)

Bitten Sie die Kinder, einige Sätze vorzulesen.
Spielen Sie gemeinsam mit den Kindern in zwei Gruppen das Spiel aus der Arbeitsphase. Die Gruppe, die zuerst fünf sinnvolle Sätze zusammengefunden hat, hat gewonnen.

Uhrzeiten – Bildkarten (1/2)

06:00	**10:00**	**12:00**
15:00	**18:00**	**20:00**
22:00		

© Verlag an der Ruhr | Autorin: Nina Wilkening | ISBN 978-3-8346-6250-7 | www.verlagruhr.de

Uhrzeiten – Bildkarten (2/2)

14. Zeitpunkte bestimmen

Thema

Nach Zeitpunkten und Aktivitäten fragen

Kompetenzerwartungen

Die Kinder ...

- können nach Zeitpunkten fragen.
- können Zeitpunkte bestimmen.
- wiederholen die Vokabeln aus der Stunde zuvor.

Materialliste

- Kopiervorlage „Uhrzeiten – Kartenspiel"
- Kopiervorlage „Uhrzeiten – Bildkarten" (aus Stunde 13, groß kopiert)

Das bereiten Sie vor

Kopieren Sie die Kopiervorlage für jede 3er- oder 4er-Gruppe einmal und schneiden Sie die Karten aus.

Stundenverlauf

1. Einstieg (ca. 10–15 Min.)

Wiederholen Sie die Bildkarten aus Stunde 13. Stellen Sie sicher, dass die Kinder die Uhrzeiten lesen können. Verteilen Sie an jedes Kind eine Bildkarte. Achten Sie darauf, dass mit den Karten Paare gebildet werden können: Sollten Sie eine ungerade Anzahl von Schüler*innen haben, spielen Sie mit. Sollten mehr als 20 Kinder in der Lerngruppe sein, geben Sie einigen Kindern gemeinsam eine Karte. Bitten Sie die Kinder, sich anhand der Karten zu Paaren zusammenzufinden. Fordern Sie die Paare auf, zu erklären, warum sie zusammengehören und was sie zu welcher Uhrzeit miteinander machen.
Schreiben Sie, zu den Bildpaaren passend, z. B. an die Tafel: „Wann gehen wir ins Kino?"→ „Wir gehen um 17 Uhr ins Kino."

2. Arbeitsphase (ca. 20–25 Min.)

Teilen Sie die Kinder in 3er-oder 4er-Gruppen auf.
Jede Gruppe erhält einen Kartensatz. Die Karten werden gleichmäßig verteilt. Ein Kind beginnt und fragt ein beliebiges anderes Kind z. B.: „Naru, gehen wir zusammen ins Kino?" (Falls es vorkommen sollte, dass das fragende Kind keine „Fragekarte" hat, darf es mit einem anderen Kind eine Karte tauschen.) Das angesprochene Kind guckt, ob es die passende Karte (mit einer Uhrzeit) hat, und antwortet: „Ja, wir gehen zusammen ins Kino." bzw. „Nein, wir gehen nicht zusammen ins Kino."
Bei einer positiven Antwort wird weiter gefragt: „Wann gehen wir ins Kino?" Das angesprochene Kind liest die Uhrzeit ab und antwortet: „Wir gehen um 17 Uhr ins Kino." Dann werden beide Karten abgelegt und das nächste Kind darf fragen. Wird die Frage nicht mit Ja beantwortet, macht das nächste Kind weiter. Das Spiel ist zu Ende, wenn alle Kartenpaare abgelegt wurden.
Es können mehrere Runden gespielt werden. Die Visualisierung an der Tafel kann als Hilfe genutzt werden.

3. Sicherung (ca. 5–10 Min.)

Teilen Sie die Lerngruppe in zwei Hälften. Nehmen Sie zwei Kartensätze zur Hand. Sie benötigen jeweils eine Frage- und zwei passende Antwortkarten (mit Uhrzeiten). Behalten Sie die Fragekarten und verteilen Sie die Antwortkarten an die Gruppen. Stellen Sie sicher, dass es in jeder Gruppe alle Antwortkarten gibt und jedes Kind eine oder mehrere Antwortkarten hat. Stellen Sie eine Frage, etwa: „Wann gehen wir ins Kino?" Alle Kinder gucken auf ihre Karte. Die beiden Kinder (pro Gruppe ein Kind), die die Antwortkarte haben, rufen möglichst schnell: „Um 17 Uhr." Das Kind, das dabei schneller war, erhält einen Punkt für sein Team. Notieren Sie die Punkte an der Tafel.

Zeitpunkte bestimmen – Spielkarten (1/2)

 © Verlag an der Ruhr | Autorin: Nina Wilkening | ISBN 978-3-8346-6250-7 | www.verlagruhr.de

Zeitpunkte bestimmen – Spielkarten (2/2)

© Verlag an der Ruhr | Autorin: Nina Wilkening | ISBN 978-3-8346-6250-7 | www.verlagruhr.de

Mini-Einheit: Freizeit

In der Mini-Einheit „Freizeit" geht es genau darum:
Die Kinder erweitern ihren Wortschatz zu den Themenfeldern „Freizeitaktivitäten", „Orte und Plätze" sowie zum Wortfeld „gehen". Sie lernen die Fragewörter „Wo?" und „Wohin?" kennen, formulieren zu ihnen Frage- und Antwortsätze und konjugieren in Ansätzen einige Verben des Wortfelds „gehen".

Die Mini-Einheit setzt sich aus folgenden Stunden zusammen:

Stunde 15: Hobbys und Sportarten

In dieser Stunde lernen die Kinder die Bezeichnungen für verschiedene **Hobbys** und **Sportarten** kennen.
Sie berichten auch von eigenen Hobbys und Lieblingssportarten.
Wenn Sie das Thema vertiefen möchten, könnten Sie die Kinder bitten, Sportgeräte, Instrumente usw. mitzubringen, um ihr Hobby/ihre Sportart **vorzustellen**.

Stunde 16: Wo und wohin?

In dieser Stunde lernen die Kinder **Orte** und **Plätze** kennen, an denen man sich aufhalten kann (z. B. Schwimmbad, Park). Sie können am Ende unterscheiden, ob man „Wo?" oder „Wohin?" fragt, und eine passende Antwort geben.

Stunde 17: Wortfeld „gehen" – Konjugation

In dieser Stunde erweitern die Kinder den **Wortschatz** aus dem **Wortfeld „gehen"**. Sie lernen ein paar ausgewählte Verben kennen, die sich besonders gut durch **Bewegungen** darstellen und somit einfacher einprägen lassen. Mithilfe der Personalpronomen führen die Kinder einfache **Übungen zur Konjugation** durch.

15. Hobbys und Sportarten

Thema

Kennenlernen von Hobbys und Sportarten, Berichten von eigenen Hobbys und Lieblingssportarten

Kompetenzerwartungen

Die Kinder …

- kennen die Bezeichnungen für verschiedene Hobbys und Sportarten.
- können über ihre eigenen Hobbys und Lieblingssportarten sprechen.

Materialliste

- Kopiervorlage „Hobbys und Sportarten – Bildkarten"
- Arbeitsblatt „Hobbys und Sportarten"

Das bereiten Sie vor

- Kopieren Sie die Bildkarten so groß, dass Sie sie zur Wortschatzeinführung an die Tafel hängen können. Schneiden Sie die Karten auseinander.
- Kopieren Sie die Bildkarten zusätzlich einmal in DIN-A4-Größe und schneiden Sie sie aus. Jedes Kind benötigt eine Karte.
- Kopieren Sie das Arbeitsblatt im Klassensatz.

Stundenverlauf

1. Einstieg (ca. 10–15 Min.)

Führen Sie den Wortschatz ein, indem Sie die Bildkarten einzeln nacheinander an die Tafel hängen und mit den Schüler*innen chorisch sprechen.
Spielen Sie das Spiel „Kartentausch": Jedes Kind erhält eine Bildkarte und geht durch die Klasse. Trifft es ein anderes Kind, fragt es, zu seiner Karte passend, z. B.: „Spielst du gern Fußball?" Das Partnerkind antwortet: „Ja, ich spiele gern Fußball." bzw. „Nein, ich spiele nicht gern Fußball". Anschließend tauschen die Kinder ihre Karten und suchen sich ein neues Partnerkind.

2. Arbeitsphase (ca. 20–25 Min.)

Die Schüler*innen bearbeiten zunächst in Einzelarbeit das Arbeitsblatt „Hobbys und Sportarten".
Kinder, die damit fertig sind, können sich dabei malen, wie sie ihr Lieblingshobby oder ihre Lieblingssportart ausüben.

3. Sicherung (ca. 5–10 Min.)

Vergleichen Sie die Ergebnisse auf dem Arbeitsblatt mündlich mit der Klasse.
Bitten Sie die Schüler*innen, ihre Bilder vorzustellen und von ihren Lieblingshobbys bzw. Lieblingssportarten zu berichten.
Wenn noch Zeit übrig sein sollte, können Sie mit den Kindern eine oder mehrere Runden „Menschen-Memo" spielen. Dazu gehen zwei Kinder vor die Tür. Alle anderen Schüler*innen suchen sich ein Partnerkind. Beide vereinbaren ein gemeinsames Hobby/eine gemeinsame Sportart und verständigen sich auf eine passende Geste. Anschließend setzen sich alle Kinder auf die Tische.
Holen Sie die beiden Spielerkinder wieder herein. Abwechselnd rufen diese jeweils zwei Schüler*innen auf, die ihre Gesten vormachen und die Sportart/das Hobby benennen. Ergibt sich ein Paar, notieren Sie einen Punkt für das Spielerkind, das weiterspielen darf. Kinder, die als Paar gefunden wurden, setzen sich auf ihre Stühle.

Kopiervorlage

Hobbys und Sportarten – Bildkarten (1/2)

Kopiervorlage

Hobbys und Sportarten – Bildkarten (2/2)

Hobbys und Sportarten

1. Was passt nicht in die Reihe? Kreuze an.

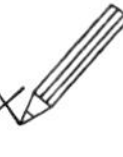

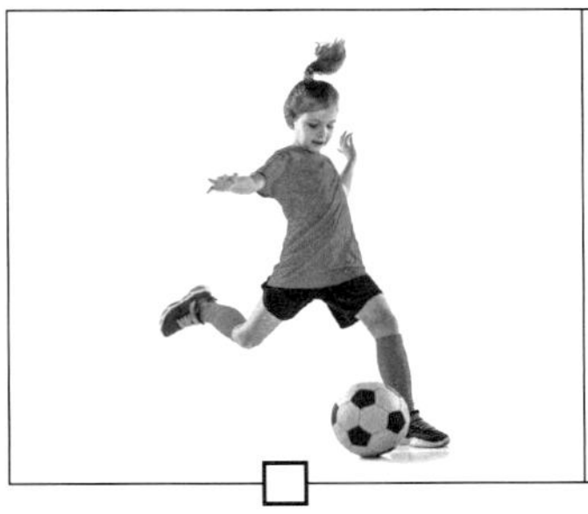
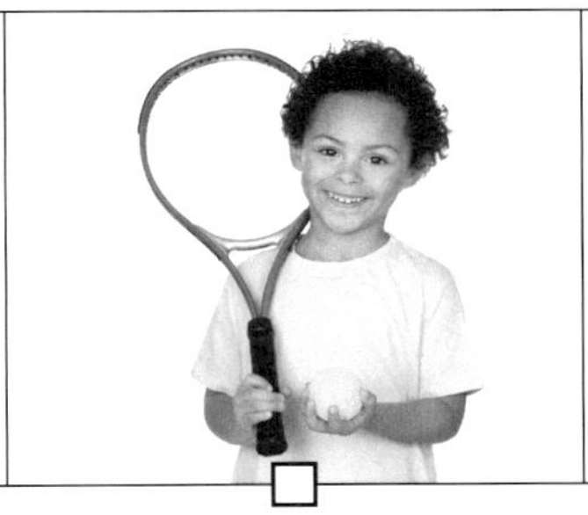
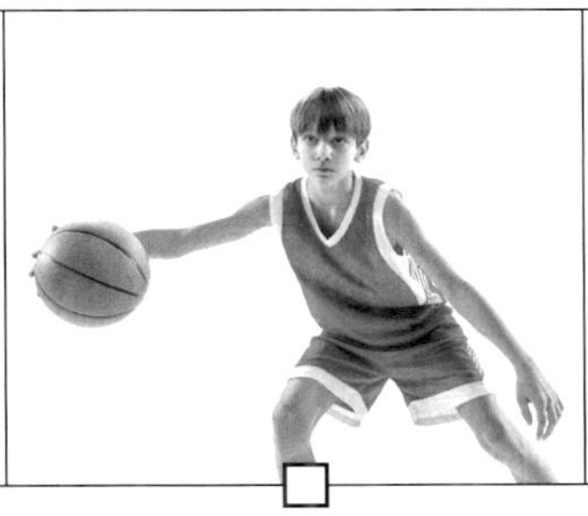
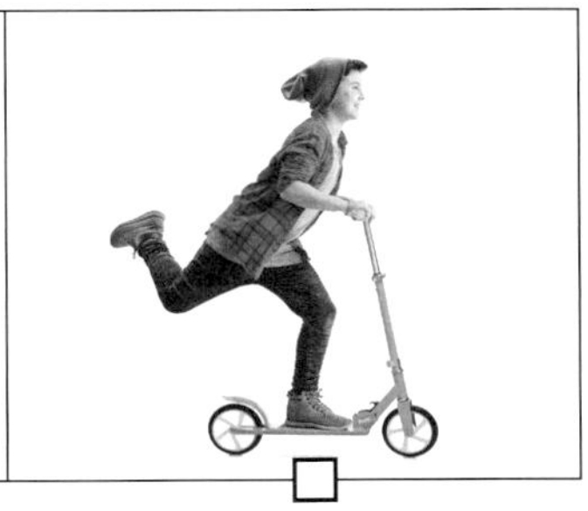

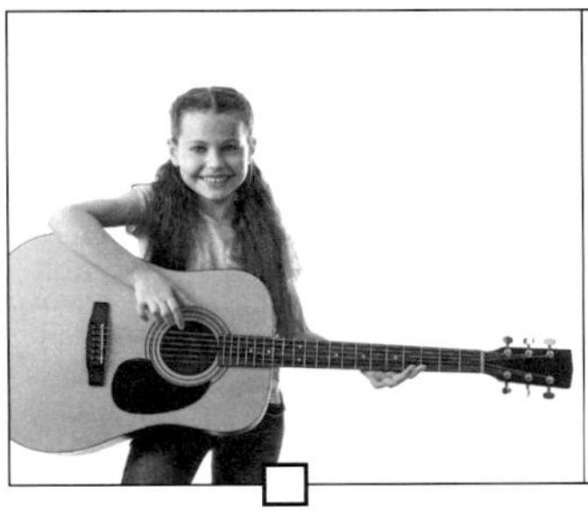
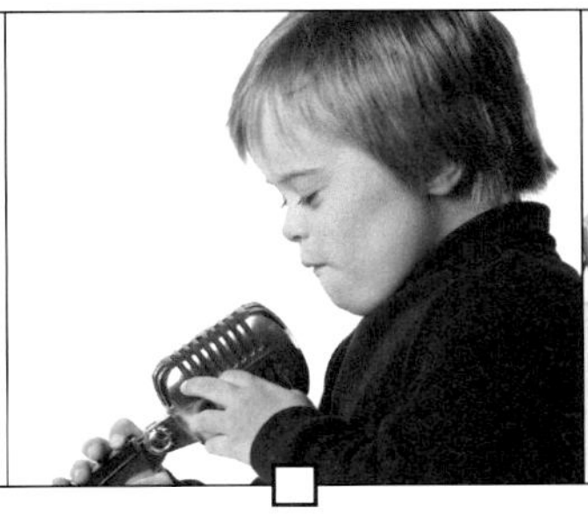
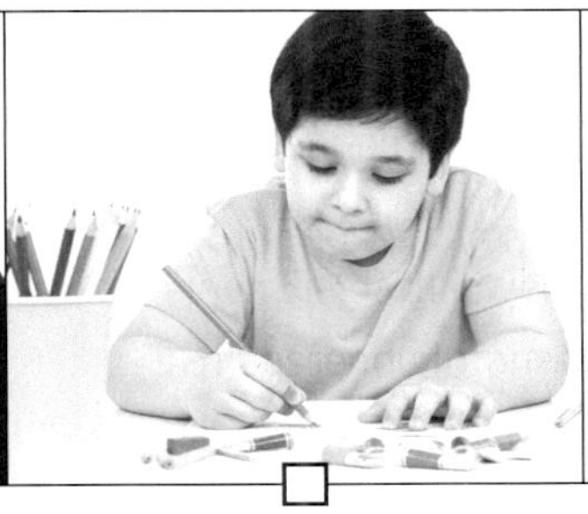
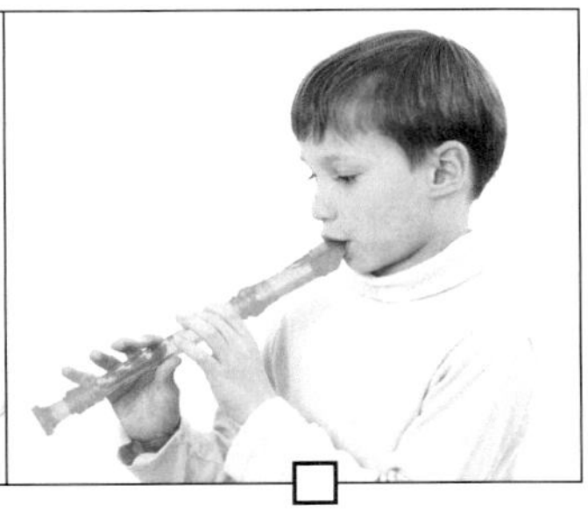

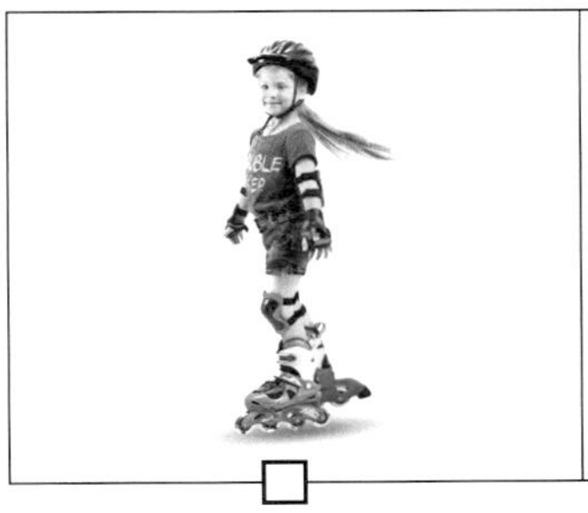
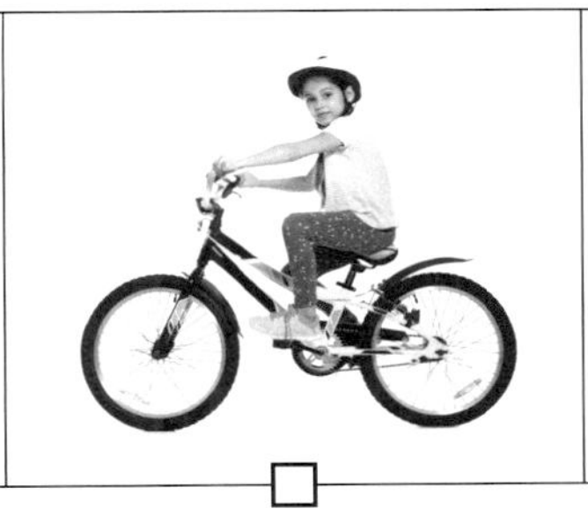
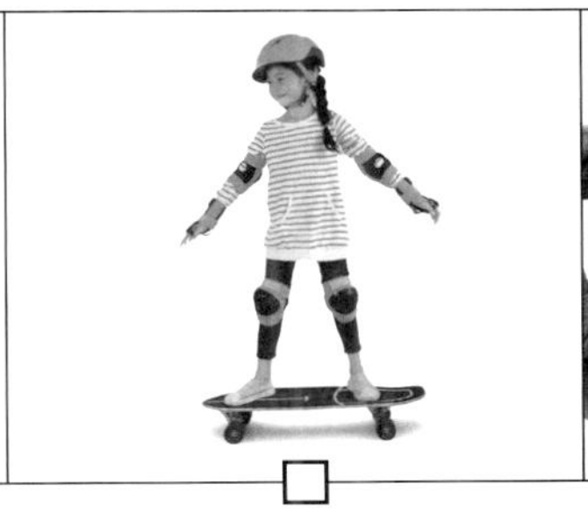
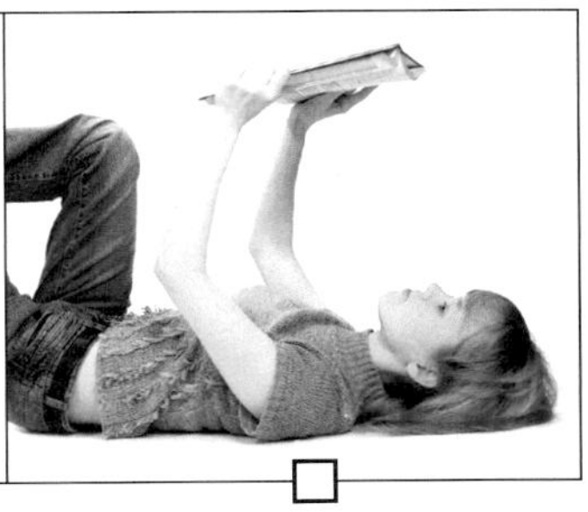

2. Was magst du lieber? Kreuze an.

 oder

 oder

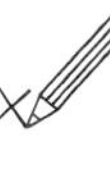

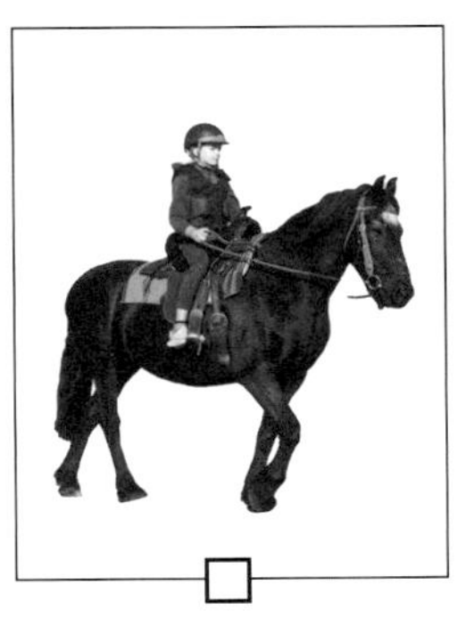

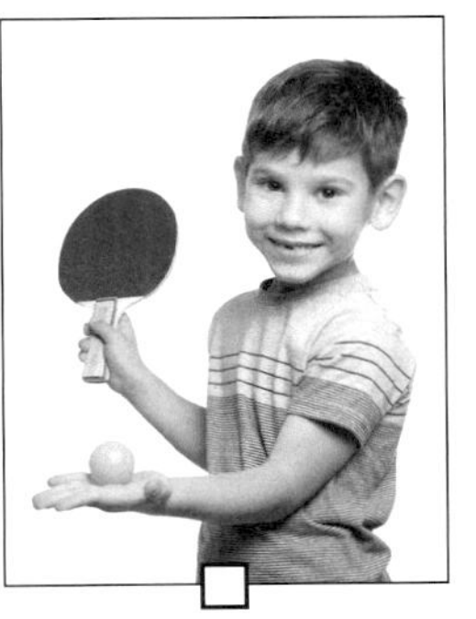

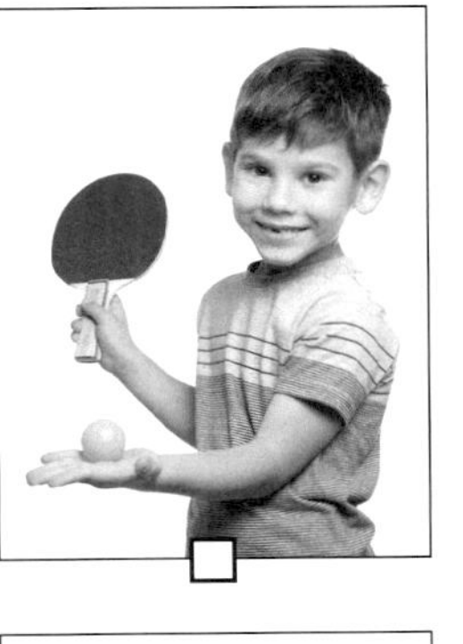

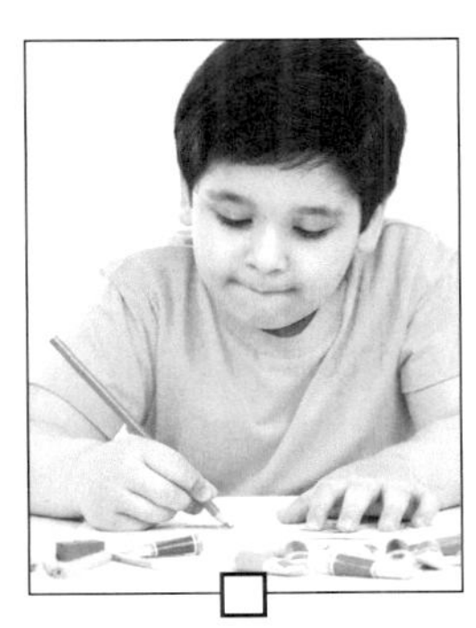

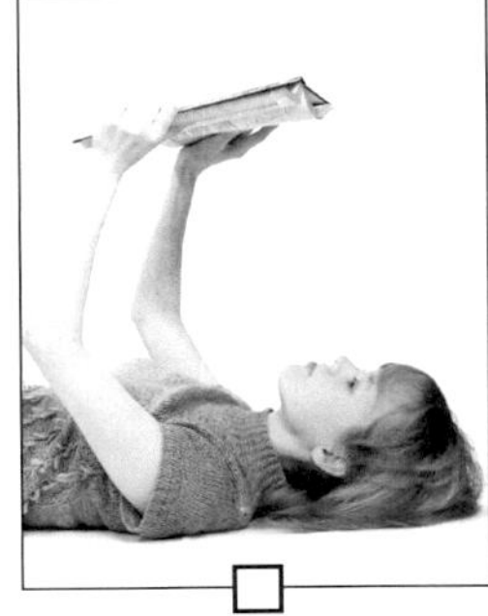

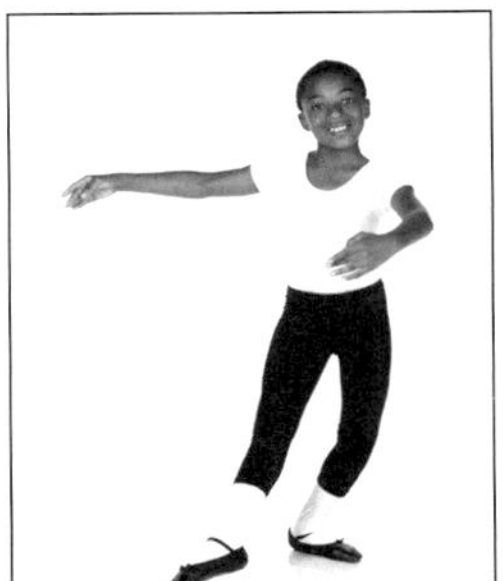 **oder** 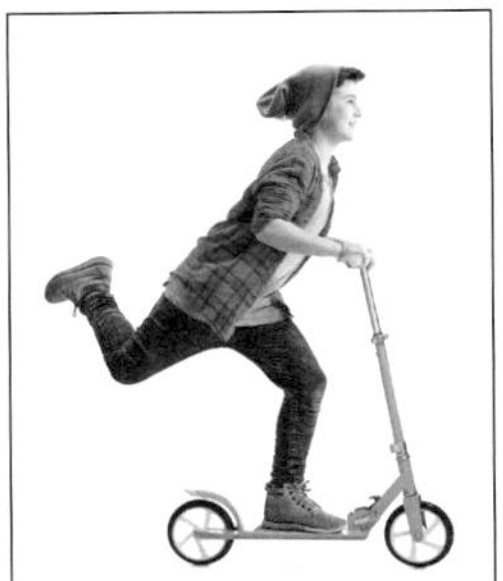

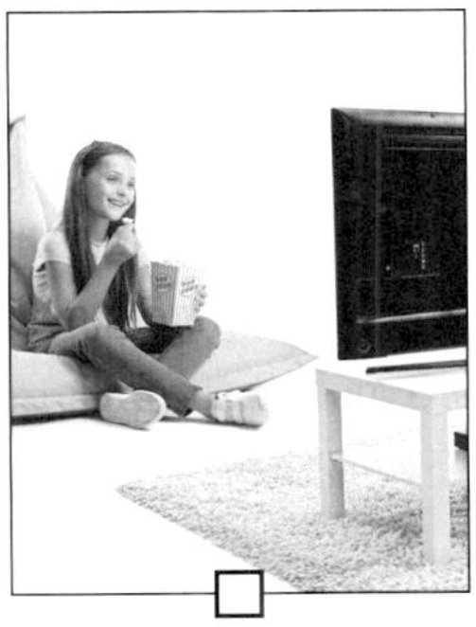 **oder**

© Verlag an der Ruhr | Autorin: Nina Wilkening | ISBN 978-3-8346-6250-7 | www.verlagruhr.de

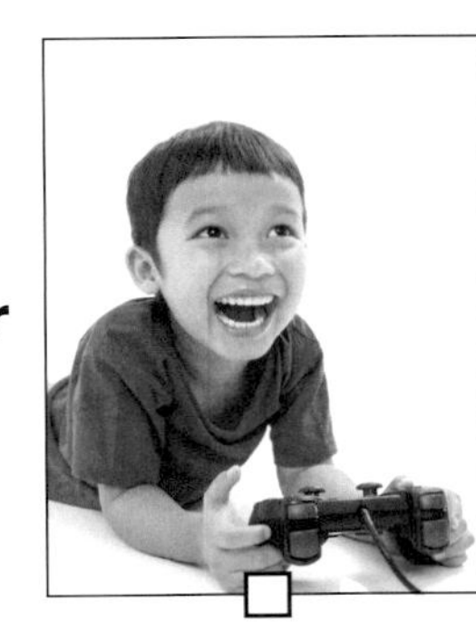

16. Wo und wohin?

Thema

Die Kinder lernen die grammatikalische Unterscheidung von „Wo?" und „Wohin?" kennen.

Kompetenzerwartungen

Die Kinder …

- kennen die Bezeichnungen für Orte und Plätze, die als Treffpunkt und Aufenthaltsort dienen können.
- können auf die Fragen „Wo?" und „Wohin?" antworten.

Materialliste

- Kopiervorlage „Orte und Plätze – Bildkarten"
- Arbeitsblatt „Wo treffen wir uns? – Wohin gehen wir?"
- *pro Kind:* ein Blanko-DIN-A4-Blatt, ein kleiner Blanko-Zettel (ca. DIN A5)
- ggf. 2 Fliegenklatschen

Das bereiten Sie vor

- Kopieren Sie die Bildkarten einmal so groß, dass Sie sie an die Tafel hängen können. Schneiden Sie die Karten auseinander.
- Kopieren Sie die Bildkarten zusätzlich einmal in DIN A4 und schneiden Sie die Karten aus. Jedes Kind sollte eine Karte erhalten, sodass Sie evtl. zwei Kopien machen müssen.
- Kopieren Sie das Arbeitsblatt im Klassensatz.
- Stellen Sie evtl. für schnelle Kinder mehrere Bildkarten-Sätze bereit.

Stundenverlauf

1. Einstieg (ca. 10–15 Min.)

Führen Sie den Wortschatz ein, indem Sie die Bildkarten einzeln nacheinander an die Tafel hängen und mit den Schüler*innen chorisch sprechen.

Auf den nachfolgenden Kopiervorlagen finden Sie die folgenden Begriffe als Bildkarten: Schwimmbad, Restaurant, Park, Fußballstadion, Spielplatz, Schule, Kino, Marktplatz, Zirkus, Supermarkt, Stadion, Wald, Bahnhof, Bushaltestelle, Sporthalle, Bücherei.
Spielen Sie das „Fliegenklatschen-Spiel": Zwei Kinder kommen nach vorn, erhalten ggf. je eine Fliegenklatsche und stellen sich links bzw. rechts von den Bildkarten auf. Nennen Sie einen Begriff. Beide Kinder versuchen, möglichst schnell auf das passende Bild zu klatschen (mit der Fliegenklatsche oder alternativ mit der Hand). Wechseln Sie nach ein paar Runden die Kinder.

2. Arbeitsphase (ca. 15 Min.)

Die Kinder bearbeiten in Einzelarbeit das Arbeitsblatt. Schnelle Kinder treffen sich zu dritt und spielen am Tisch das „Fliegenklatschen-Spiel": Ein Kind nennt einen Begriff, die beiden anderen klatschen möglichst schnell auf die passende Bildkarte. Nach fünf Runden wird gewechselt.

3. Sicherung (ca. 15 Min.)

Vergleichen Sie das Arbeitsblatt mit den Schüler*innen.
Spielen Sie das Spiel „Schneeballschlacht":
Jedes Kind bekommt einen kleinen Blanko-Zettel und schreibt darauf eine Antwort auf eine „Wohin?"- oder „Wo?"-Frage., z. B. „Wir sind im Park" oder „Wir gehen in den Park." Anschließend wird der Zettel zu einem kleinen (Schnee-)Ball zerknüllt.
Teilen Sie die Klasse in zwei Gruppen. Die Gruppen stellen sich mit einigen Metern Abstand gegenüber auf (z. B. eine Gruppe am Fenster, eine Gruppe an der Wand). Die Kinder stehen nebeneinander in einer Reihe. Auf Ihr Kommando wirft jedes Kind seinen Schneeball zur anderen Gruppe. Jedes fängt einen Schneeball auf. Nacheinander lesen die Kinder die Antwortsätze vor und nennen die passende Frage, z. B. „Wohin gehen wir?" oder „Wo sind wir?"

Orte und Plätze – Bildkarten

Wo treffen wir uns? – Wohin gehen wir?

Male den passenden Satz an. 

Wo?

Tara und Lea sitzen **im Kino**.

Wohin?

Tara und Lea gehen **in das Kino**.

Wo?

Lisa ist **im Schwimmbad**.

Wohin?

Lisa geht **in das Schwimmbad**.

Wo?

Nikos und Sofia sind **im Park**.

Wohin?

Nikos und Sofia gehen **in den Park**.

Wo?

Die Kinder sind **in der Schule**.

Wohin?

Die Kinder gehen **in die Schule**.

Wo?

Natalia ist **im Wald**.

Wohin?

Natalia geht **in den Wald**.

17. Wortfeld „gehen“ – Konjugation

Thema

Erweiterung des Wortschatzes zum Thema „gehen“, Konjugieren von Verben

Kompetenzerwartungen

Die Kinder …

- kennen Verben des Wortfelds „gehen“ und können sie in ihrer Bedeutung unterscheiden.
- können Verben im Präsens konjugieren.

Materialliste

- Kopiervorlage „Wortfeld ‚gehen‘ – Wort-Bild-Karten“
- *pro 2er- bis 4er-Gruppe:* ein Würfel
- *pro Kind:* ein Blanko-DIN-A4-Blatt

Das bereiten Sie vor

- Kopieren Sie die Wort-Bild-Karten so groß, dass Sie sie an die Tafel hängen können. Schneiden Sie die Karten auseinander.
- Kopieren Sie für jede Gruppe die Kopiervorlage einmal und schneiden Sie die Verbenkarten aus.

Stundenverlauf

1. Einstieg (ca. 15–20 Min.)

Führen Sie den Wortschatz ein, indem Sie die Wort-Bild-Karten (zunächst nur die Verbenkarten) einzeln nacheinander an die Tafel hängen und mit den Schüler*innen chorisch sprechen. Nutzen Sie Bewegungen, um das Verständnis zu verstärken.
Stellen Sie sich mit den Kindern in einen Kreis.
„Geben“ Sie eine Bewegung weiter, indem Sie sich Ihrem linken Nachbarkind zuwenden, eine Bewegung aus dem Wortfeld vormachen und das Verb dazu nennen. Ihr Nachbarkind gibt die Bewegung ebenso weiter, bis sie wieder bei Ihnen ist. Variieren Sie das Spiel, indem Sie gleichzeitig eine Bewegung nach links und eine andere nach rechts geben und in schneller Abfolge mehrere Bewegungen losschicken. Stoppen Sie zwischendrin und fragen Sie nach, wo die Bewegungen gerade angekommen sind.
Hängen Sie nun die Personalpronomenkarten in zwei Spalten an die Tafel (linke Spalte: ich, du, er/sie/es, rechte Spalte: wir, ihr, sie).
Erklären Sie den Kindern das Prinzip der Konjugation, indem Sie eine Verbenkarte die Konjugation „abwandern“ lassen und dazu sprechen. Wiederholen Sie dies gemeinsam mit den Kindern mit einigen Verbenkarten.

2. Arbeitsphase (ca. 15–20 Min.)

Zeichnen Sie Würfelbilder neben die Personalpronomenkarten (ich = 1, du = 2 usw.). Teilen Sie die Lerngruppe in 2er-bis 4er-Gruppen auf.
Erklären Sie das Spiel: Die Kinder ziehen eine Verbenkarte und würfeln, anschließend nennen sie die konjugierte Verbform (z. B. „gehen“ + „ich“ = „ich gehe“).
Alle Kinder der Gruppe schreiben die Verbform auf.
Als Unterstützung können sie sich an der Schreibung auf den Wort-Bild-Karten orientieren.
Brechen Sie diese Phase nach spätestens 20 Minuten ab.

3. Sicherung (ca. 5–10 Min.)

Spielen Sie zum Abschluss mit den Kindern Pantomime mit den Verben der Stunde.

Wortfeld „gehen" – Wort-Bild-Karten (1/2)

gehen

rennen

stolzieren

spazieren

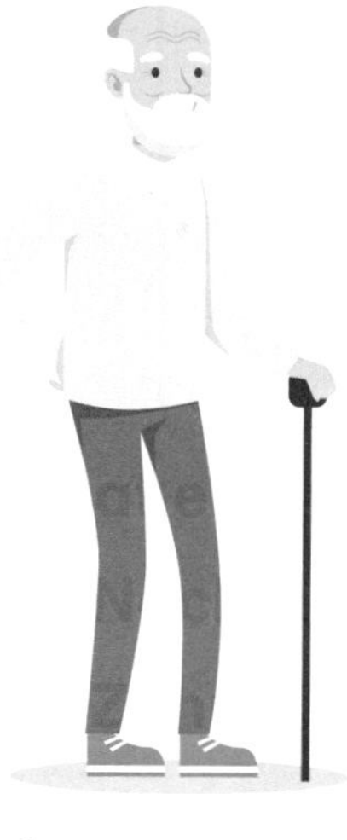

wandern

trödeln

humpeln

hüpfen

joggen

Kopiervorlage

Wortfeld „gehen" – Wort-Bild-Karten (2/2)

schleichen

ich

du

er/sie/es

wir

ihr

sie

© Verlag an der Ruhr | Autorin: Nina Wilkening | ISBN 978-3-8346-6250-7 | www.verlagruhr.de

Gefühle und Gesundheit

In der Mini-Einheit „Gefühle und Gesundheit" geht es genau darum:

Die Kinder lernen Adjektive kennen, mit denen Gefühle ausgedrückt werden.

Außerdem erweitern sie ihren Wortschatz zum Thema „Kranksein" und üben kurze Dialoge zwischen Arzt/Ärztin und Patient*in ein.

Die Mini-Einheit setzt sich aus folgenden Stunden zusammen:

Stunde 18: Gefühle

In dieser Stunde lernen die Kinder verschiedene **Gefühls-Adjektive** kennen. Diese Stunde dient als **Einführungsstunde**. Die Kinder festigen den Wortschatz in der Arbeitsphase mithilfe eines Dominos und eines Memo-Spiels.

Stunde 19: Gefühlspaare

In dieser Stunde lernen die Kinder, dass es für Gefühle **Gegensatzpaare** gibt und das negative Gefühl oft durch das Anfügen der **Vorsilbe „un-"** gebildet wird.

Stunde 20: Gefühle begründen

In dieser Stunde sollen die Kinder ihre **eigenen Gefühle** auf die Frage: „Wann bist du … glücklich/traurig/wütend …?" begründen, mit einem Satz wie „Ich bin glücklich, wenn ich ein Eis esse.". Dazu spielen die Kinder zunächst ein **Würfelspiel** und üben diesen Satz rein mündlich. In einem **Interview** fragen sie anschließend andere Kinder, wann diese glücklich/traurig etc. sind, und schreiben deren Antworten auf, z. B.: „Daria ist glücklich, wenn sie ein Eis isst."

Stunde 21: Ich bin krank

In dieser Stunde erweitern die Kinder den **Wortschatz** zum Thema **„Kranksein"**. Sie lernen Begriffe für **Krankheitssymptome** sowie für passende **Medikamente** und **Hilfsmittel** (z. B. Pflaster) kennen.

Diese Stunde dient als Vorbereitung auf Stunde 22.

Stunde 22: In der Arztpraxis

In dieser Stunde lernen die Kinder Begriffe zum **Thema „Arztpraxis"** kennen. Sie erweitern ihren **Wortschatz** und festigen ihn durch ein **Arbeitsblatt** und verschiedene **Spiele**.

Gefühle

Thema

Kennenlernen von Adjektiven für Gefühle

Kompetenzerwartungen

Die Kinder …

- kennen verschiedene Adjektive für Gefühle.
- können einzelne Wörter lesen.

Materialliste

- Kopiervorlage „Gefühle – Wort-Bild-Karten"
- Kopiervorlage „Gefühle-Domino"

Das bereiten Sie vor

- Kopieren Sie die Wort-Bild-Karten so groß, dass Sie sie zur Wortschatzeinführung an die Tafel hängen können. Schneiden Sie die Karten auseinander.
- Kopieren Sie die Kopiervorlage „Gefühle – Wort-Bild-Karten" zusätzlich im Klassensatz.
- Kopieren Sie die Kopiervorlage „Gefühle-Domino" im halben Klassensatz.

Stundenverlauf

1. Einstieg (ca. 10–15 Min.)

Führen Sie den Wortschatz ein, indem Sie die Wort-Bild-Karten einzeln nacheinander an die Tafel hängen und mit den Schüler*innen chorisch sprechen.
Stellen Sie sich mit den Kindern in einen Kreis. Geben Sie die Gefühle weiter: Drehen Sie sich zu Ihrem linken Nachbarkind und sagen Sie mit passender Intonation z. B.: „Glücklich!". Das Kind dreht sich zum nächsten Nachbarkind und sagt ebenfalls „Glücklich!". Dies geht so lang, bis das Gefühl wieder bei Ihnen „angekommen" ist. Schicken Sie mehrere Gefühle nacheinander oder in verschiedene Richtungen los. Rufen Sie zwischendrin „Stopp!" und fragen Sie nach, bei welchem Kind die Gefühle „angekommen" sind.

2. Arbeitsphase (ca. 20–25 Min.)

Die Kinder spielen zu zweit. Jedes Paar erhält eine gemeinsame Kopiervorlage des Gefühle-Dominos. Zunächst schneiden sie gemeinsam die Dominokarten aus, mischen die Karten, verteilen sie und legen das Domino in der richtigen Reihenfolge. Wenn alle Karten liegen, sollten Sie kontrollieren, ob alles richtig ist. Anschließend nimmt sich jedes Kind eine Kopiervorlage mit den Wort-Bild-Karten, markiert jede einzelne Karte mit einem Zeichen (z. B. einem farbigen Punkt) auf der Vorderseite und schneidet die Karten aus. Die Kinder spielen anschließend mit beiden Kartensätzen Memo. Beim Umdrehen der Karten sollten die Begriffe laut genannt werden.
Sollte noch Zeit bleiben, können Sie eine weitere Runde spielen.

3. Sicherung (ca. 5–10 Min.)

Stellen Sie eines der eingeführten Gefühle pantomimisch dar. Die Kinder raten, um welches Gefühl es sich handelt, und benennen es. Dann dürfen abwechselnd einige Kinder der Lerngruppe pantomimisch ein Gefühl darstellen und die Mitschüler*innen raten.

Gefühle – Wort-Bild-Karten

glücklich	 traurig	 müde	 ängstlich
 albern	 verliebt	 schüchtern	 nervös
 wütend	 krank	 überrascht	 stolz
 neidisch	 verwirrt	 aufgeregt	 enttäuscht

© Verlag an der Ruhr | Autorin: Nina Wilkening | ISBN 978-3-8346-6250-7 | www.verlagruhr.de

Gefühle-Domino

START	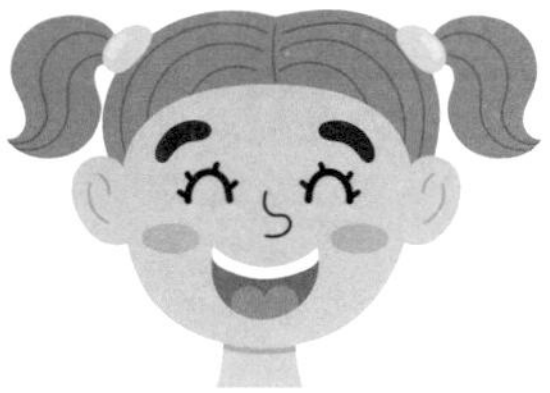 © jsabirova – Shutterstock.com	**glücklich**	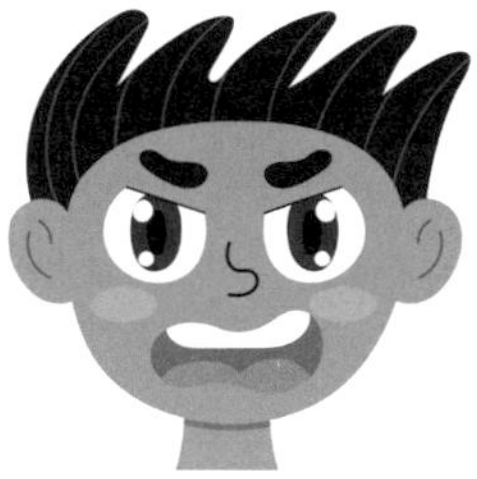 © jsabirova – Shutterstock.com
wütend	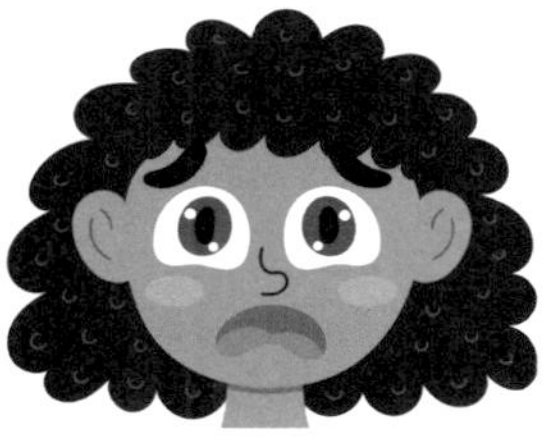 © jsabirova – Shutterstock.com	**ängstlich**	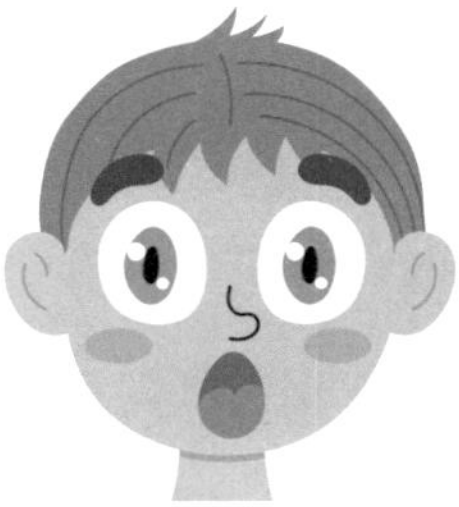 © jsabirova – Shutterstock.com
überrascht	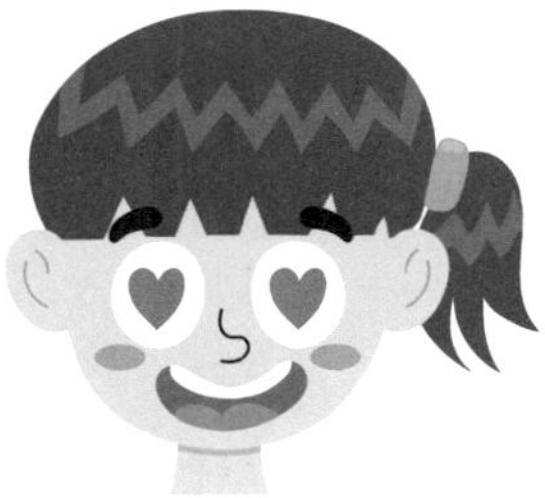 © jsabirova – Shutterstock.com	**verliebt**	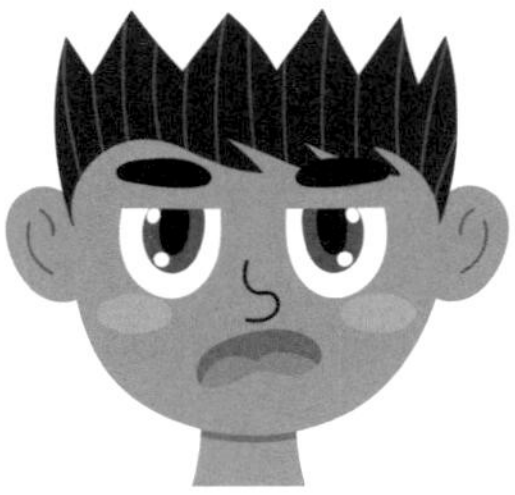 © jsabirova – Shutterstock.com
neidisch	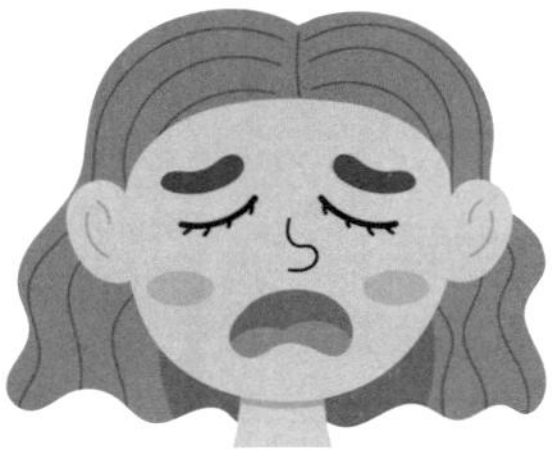 © jsabirova – Shutterstock.com	**müde**	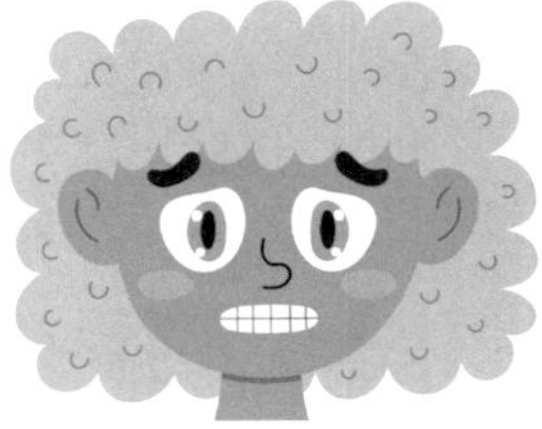 © jsabirova – Shutterstock.com
nervös	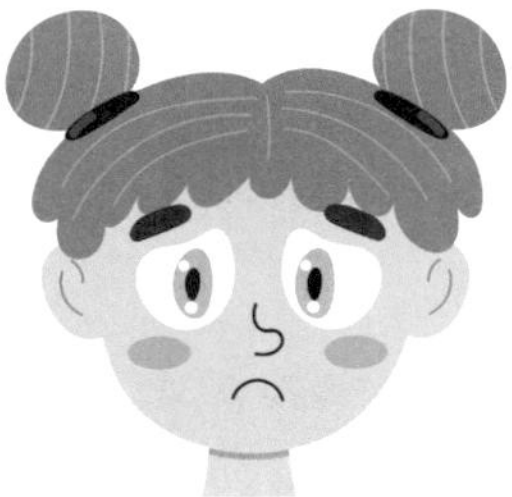 © jsabirova – Shutterstock.com	**enttäuscht**	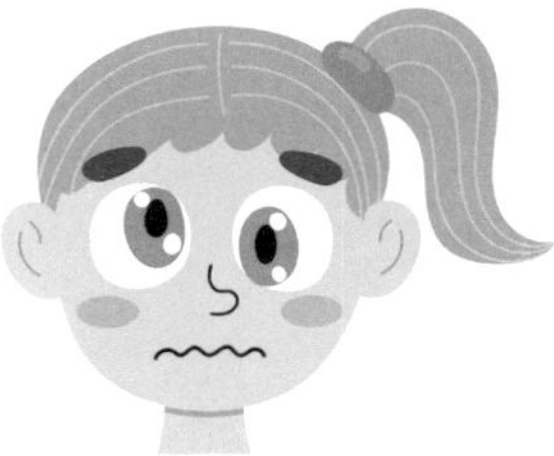 © jsabirova – Shutterstock.com
verwirrt	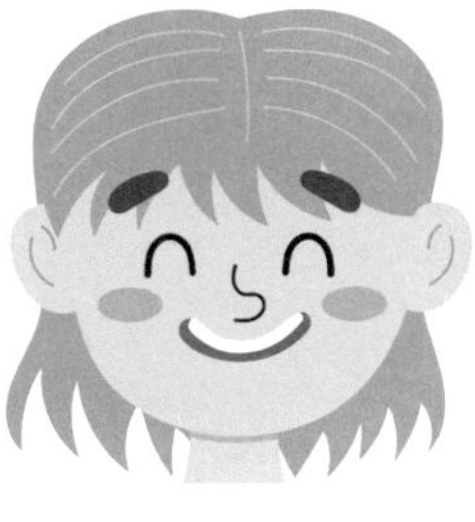 © jsabirova – Shutterstock.com	**stolz**	**ENDE**

© Verlag an der Ruhr | Autorin: Nina Wilkening | ISBN 978-3-8346-6250-7 | www.verlagruhr.de

19. Gefühlspaare

Thema

Kennenlernen von Gegensätzen zu Gefühlsadjektiven, auch im Zusammenhang mit Anfügen der Vorsilbe „un-"

Kompetenzerwartungen

Die Kinder …
- kennen ausgewählte Gefühlsadjektiv-Paare.
- können Gefühle voneinander abgrenzen.

Materialliste

- Kopiervorlage „Gefühle – Wort-Bild-Karten" (aus Stunde 18)
- Kopiervorlage „Gefühle-Domino" (aus Stunde 18)
- Arbeitsblatt „Gefühlspaare"

Das bereiten Sie vor

- Kopieren Sie das Arbeitsblatt im Klassensatz plus eine weitere Kopie.
- Füllen Sie ein Arbeitsblatt als Lösungsblatt aus.

Stundenverlauf

1. Einstieg (ca. 15–20 Min.)

Wiederholen Sie die Gefühlsadjektive aus der vergangenen Stunde mithilfe des Spiels „Hopp oder Stopp". Nutzen Sie hierbei die Bildkarten aus der vergangenen Stunde. Das Spiel läuft folgendermaßen ab: Alle Kinder stehen am Platz. Nehmen Sie die Karten als Stapel in die Hand. Nennen Sie ein Gefühl, das auf einer Karte abgebildet ist. Zeigen Sie die Karten nacheinander. Ist das genannte Bild nicht auf der Karte abgebildet, hüpfen die Kinder und benennen das dort abgebildete Gefühl. Erst wenn das Gefühl, das Sie ausgewählt hatten, abgebildet ist, rufen die Kinder „Stopp!" und zeigen das durch eine abwehrende Handbewegung an.

Erklären Sie den Kindern nun den Begriff „Gegensatz", z. B. indem Sie mit Gesten und Bewegungen Gegensatz-Paare wie „groß – klein", „dick – dünn", „langsam – schnell" darstellen.
Erklären Sie, dass es auch bei Gefühlen Gegensatzpaare gibt. Besprechen Sie die Gegensätze zu diesen ausgewählten Bildkarten mit den Kindern und sprechen Sie die Wörter wiederholt gemeinsam mit der Lerngruppe:
- glücklich (Gegensatz: unglücklich)
- traurig (Gegensatz: fröhlich)
- stolz (Gegensatz: enttäuscht)
- müde (Gegensatz: wach)
- ängstlich (Gegensatz: mutig)
- nervös (Gegensatz: ruhig)

Unterstützen Sie die Einführung bzw. Wiederholung der Wörter durch entsprechende Mimik und Gestik.

2. Arbeitsphase (ca. 15–20 Min.)

Verteilen Sie das Arbeitsblatt und erklären Sie die Aufgabe. Zwei Bilder zeigen jeweils gegensätzliche Gefühle, die von den Kindern eingetragen werden sollen.
Die Kinder bearbeiten das Arbeitsblatt in Einzelarbeit. Wer fertig ist, kontrolliert sein Ergebnis mithilfe des Lösungsblattes und trifft sich an einem vorher vereinbarten Ort („Haltestelle") mit einem anderen Kind. Beide spielen im Anschluss mit den Karten aus der letzten Stunde Domino.

3. Sicherung (ca. 5–15 Min.)

Besprechen Sie mit den Kindern das Arbeitsblatt und suchen Sie gemeinsam nach weiteren Beispielen für die Gefühle.
Wenn noch Zeit bleibt, können eines oder mehrere Spiele aus der Einstiegsphase noch einmal gespielt werden.

Gefühlspaare

Sieh dir die Bilder an. Suche aus dem Kasten die passenden Adjektive. Schreibe sie auf.

Maxim ist ....

Die Kinder sind ....

Felix ist ....

Mika ist ....

Lamina ist ....

Anna ist ....

nervös	fröhlich	enttäuscht	traurig	stolz	ruhig

20. Gefühle begründen

Thema

Sich zu eigenen Gefühlen äußern, andere nach ihren Gefühlen fragen

Kompetenzerwartungen

Die Kinder …
- können begründen, wann sie ein bestimmtes Gefühl haben.
- können andere Kinder zu deren Gefühlen befragen.
- können Sätze schriftlich ergänzen.

Materialliste

- Kopiervorlage „Gefühle – Wort-Bild-Karten" (aus Stunde 18)
- Kopiervorlage „Gefühle-Spiel"
- Arbeitsblatt „Gefühle-Interview"
- *pro 4er-Gruppe:* 4 Spielfiguren, ein Würfel

Das bereiten Sie vor

- Kopieren Sie das „Gefühle-Spiel" einmal pro 4er-Gruppe.
- Stellen Sie für jede 4er-Gruppe die Materialien bereit.
- Kopieren Sie das Arbeitsblatt „Gefühle-Interview" im Klassensatz.

Stundenverlauf

1. Einstieg (ca. 10 Min.)

Wiederholen Sie die Gefühlsadjektive, indem Sie die Karten aus der Stunde 18 an die Tafel hängen und „Was fehlt?" spielen. Dazu bitten Sie die Kinder zunächst, die Augen zu schließen. Nehmen Sie eine Bildkarte weg und bitten Sie die Kinder, die Augen wieder zu öffnen. Fragen Sie: „Was fehlt?" Ein Kind nennt die fehlende Bildkarte und darf weiterspielen.
Spielen Sie außerdem Pantomime.

2. Arbeitsphase (ca. 25 Min.)

Die Schüler*innen spielen in Gruppen das Gefühle-Spiel. Reihum wird gewürfelt und die Spielfigur entsprechend gezogen. Auf den Feldern sind Gefühle abgebildet.
Die Kinder sagen, wann sie sich so fühlen wie auf dem Feld abgebildet, z. B. „Ich fühle mich glücklich, wenn ich ein Eis esse." Das Spiel ist vorbei, wenn alle Kinder das Ziel erreicht haben. Es können mehrere Runden gespielt werden. Brechen Sie diese Phase nach 15 Minuten ab.
Verteilen Sie das Arbeitsblatt „Gefühle-Interview".
Jedes Kind bearbeitet sein eigenes Gefühle-Interview, indem es andere Kinder befragt. In kleinen Lerngruppen können einzelne Kinder mehrfach zu verschiedenen Gefühlen befragt werden.

3. Sicherung (ca. 10 Min.)

Bitten Sie die Kinder, einige Ergebnisse ihres Gefühle-Interviews vorzustellen.
Sollte noch Zeit bleiben, können Sie die Spiele aus der Einstiegsphase noch einmal spielen.

Gefühle-Spiel

Spielregeln:

Würfle. Sage den anderen, wann du dich so fühlst wie auf dem Bild.

Beispiel: „Ich fühle mich glücklich, wenn ich Eis esse."

START ➔	**1** glücklich	**2** traurig	**3** müde	**4** ängstlich	**5** wütend
17 albern	**18** traurig	**19** überrascht	**20** glücklich	**21** müde	**6** neidisch
16 aufgeregt	**27** verwirrt	**28** verliebt	**ZIEL**	**22** krank	**7** albern
15 krank	**26** ängstlich	**25** wütend	**24** schüchtern	**23** neidisch	**8** verliebt
14 überrascht	**13** verwirrt	**12** stolz	**11** enttäuscht	**10** nervös	**9** schüchtern

  | ISBN 978-3-8346-6250-7 | www.verlagruhr.de

Gefühle-Interview

Frage 5 Kinder und schreibe ihre Antworten auf.
Frage: Daria, wann bist du glücklich?
Antwort: Daria ist glücklich, wenn sie ein Eis isst.

1. **Frage:** ...., wann bist du ....?

   Antwort: .... ist ...., wenn

   ....

2. **Frage:** ...., wann bist du ....?

   Antwort: .... ist ...., wenn

   ....

3. **Frage:** ...., wann bist du ....?

   Antwort: .... ist ...., wenn

   ....

4. **Frage:** ...., wann bist du ....?

   Antwort: .... ist ...., wenn

   ....

5. **Frage:** ...., wann bist du ....?

   Antwort: .... ist ...., wenn

   ....

21. Ich bin krank

Thema

Erweiterung des Wortschatzes zum Thema „Kranksein“

Kompetenzerwartungen

Die Kinder ...

- können ausdrücken, wenn sie sich krank fühlen.
- können Krankheitssymptomen Medikamente und Hilfsmittel zuordnen.

Materialliste

Kopiervorlage „Ich bin krank – Wort-Bild-Karten“

Das bereiten Sie vor

- Kopieren Sie die Wort-Bild-Karten einmal so groß, dass Sie sie zur Wortschatzeinführung an die Tafel hängen können. Schneiden Sie die Karten auseinander.
- Kopieren Sie die Vorlage der Wort-Bild-Karten zusätzlich einmal im halben Klassensatz.

Stundenverlauf

1. Einstieg (ca. 10–15 Min.)

Führen Sie den Wortschatz ein, indem Sie die Wort-Bild-Karten einzeln nacheinander an die Tafel hängen und mit den Schüler*innen chorisch sprechen. Die Regenwolken-Karte wird an dieser Stelle noch nicht benötigt. Ordnen Sie gemeinsam mit den Kindern die Krankheitssymptome und Medikamente und Hilfsmittel zu Paaren.

2. Arbeitsphase (ca. 20–25 Min.)

Verteilen Sie an jeweils zwei Kinder die Vorlage der Wort-Bild-Karten. Die Kinder schneiden gemeinsam alle Karten aus und spielen damit das: „Regenwolken-Spiel“: Alle Karten werden gleichmäßig verteilt und verdeckt auf die Hand genommen. Ein Kind (Kind 1) erhält eine Karte mehr.
Das Kind, das links von Kind 1 sitzt, zieht eine Karte von Kind 1. Wird ein Paar gefunden, wird es abgelegt und dazu gesprochen, z. B.: „Ich habe Husten. Ich brauche (den) Hustensaft.“
Das Spiel ist zu Ende, wenn nur noch ein Kind die Karte mit der Regenwolke in der Hand hält – zu dieser gibt es kein passendes Pendant.
Brechen Sie diese Phase nach ca. 15 Minuten ab.

3. Sicherung (ca. 5–10 Min.)

Teilen Sie die Lerngruppe in zwei gleich große Gruppen. Nehmen Sie zwei Sätze der Wort-Bild-Karten der Kinder zur Hand. Suchen Sie die Hilfsmittel- und Medikamenten-Karten heraus. Verteilen Sie diese an die Kinder, sodass in jeder Gruppe alle Karten einmal vorkommen. Nehmen Sie die Karten mit den Krankheitssymptomen zur Hand. Nennen Sie ein Krankheitssymptom (z. B. Husten). In jeder Gruppe hat nur ein Kind die passende Medikamenten- oder Hilfsmittelkarte (Hustensaft). Diese Kinder müssen möglichst schnell „Stopp!“ rufen. Wer zuerst gerufen hat, die richtige Karte zeigt und dazu sprechen kann („Ich habe den Hustensaft. Wenn ich Husten habe, brauche
in Hustensaft.“), gewinnt einen Punkt für sein Team. Notieren Sie die Punkte an der Tafel.
Alternativ können die Kinder als Gruppe gemeinsam spielen. Alle Medikamenten- und Hilfsmittel-Karten liegen dazu offen auf dem Tisch der jeweiligen Gruppe und jedes Gruppenmitglied darf „Stopp!“ rufen, sobald es die passende Karte gefunden hat.

Krankheiten – Wort-Bild-Karten (1/2)

Anja Boretzki

der Schnupfen

Norbert Höveler

das Nasenspray

Anja Boretzki

der Husten

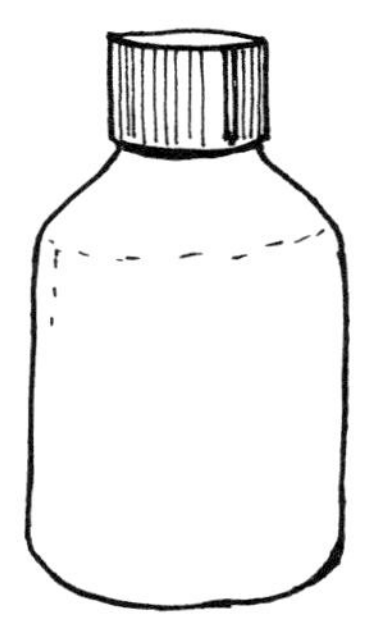
Petra Lefin

der Hustensaft

Anja Boretzki

die Kopfschmerzen

Norbert Höveler

die Tabletten

Anja Boretzki

die Wunde

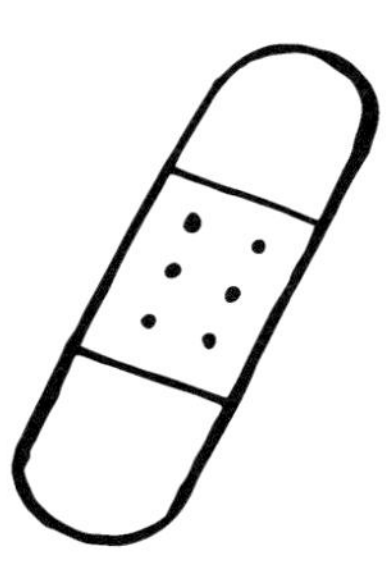
Anja Boretzki

das Pflaster

Anja Boretzki

die Übelkeit

Anja Boretzki

der Kamillentee

Anja Boretzki

die Beule

Norbert Höveler

der Eisbeutel

Krankheiten – Wort-Bild-Karten (2/2)

die Bauchschmerzen

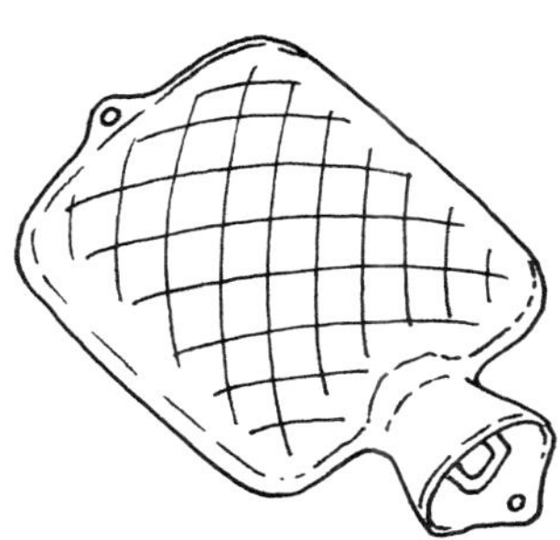

die Wärmflasche

der Mückenstich

die Zwiebel

die Halsschmerzen

die Halstabletten

© Verlag an der Ruhr | Autorin: Nina Wilkening | ISBN 978-3-8346-6250-7 | www.verlagruhr.de

22. In der Arztpraxis

Thema

Einführung und Festigung von Begriffen rund um das Thema „Arztpraxis"

Kompetenzerwartungen

Die Kinder ...
erweitern und festigen ihren Wortschatz zum Thema „Arztpraxis".

Materialliste

- Kopiervorlage „In der Arztpraxis – Karten"
- Arbeitsblatt „In der Arztpraxis"
- Kopiervorlage „Das Virus-Spiel"
- *pro Kind:* eine Schere

Das bereiten Sie vor

- Kopieren Sie die Karten einmal vergrößert, sodass Sie damit den Wortschatz gut einüben können.
- Kopieren Sie das Arbeitsblatt im Klassensatz.
- Erstellen Sie ein Lösungsblatt für das Arbeitsblatt.
- Kopieren Sie die Kopiervorlage „Das Virus-Spiel" im Klassensatz.

Stundenverlauf

1. Einstieg (ca. 15 Min.)

Hängen Sie von den vergrößerten Karten nur die Bildkarten auf und üben Sie den Wortschatz durch chorisches Sprechen ein.
Hängen Sie die vergrößerten Wortkarten ungeordnet an die Tafel und bitten Sie die Schüler*innen, Wort- und Bildkarten einander zuzuordnen.
Mischen Sie die Karten. Hängen Sie alle Karten mit Bild oder Wort nach hinten auf, sodass diese verdeckt sind. Spielen Sie mit den Kindern Memo. Es sollten dabei immer die Begriffe benannt werden.

2. Arbeitsphase 1 (ca. 12 Min.)

Erklären Sie das Arbeitsblatt und verteilen Sie es an die Kinder. Jedes Kind arbeitet in Einzelarbeit und kontrolliert mithilfe des Lösungsblattes. Brechen Sie diese Phase nach ca. 10 Minuten ab.
Wer früher fertig ist, kann schon einmal die Karten für die nächste Phase ausschneiden.

3. Arbeitsphase 2 (ca. 20 Min.)

Bilden Sie 2er-, 3er- oder 4er-Gruppen. Jedes Kind erhält die Kopiervorlage „Das Virus-Spiel". Zunächst wird die Spielvorlage mit Namen versehen und ausgeschnitten. Anschließend werden alle kleinen Karten vom oberen Bereich des Arbeitsblatts ausgeschnitten, in die Mitte des Tisches gelegt, gemischt und gestapelt. Erklären Sie den Spielverlauf und zeigen und benennen Sie die Karte mit dem Virus.

Spielverlauf: Jedes Kind hat seine Spielvorlage vor sich liegen. Der*die erste Spielende zieht ein bis drei Karten vom Stapel, benennt die Abbildung und legt die Karte(n) auf seiner*ihrer Spielvorlage auf das passende Feld. Werden gleiche Bildkarten gezogen, werden diese auf der Spielvorlage gestapelt. Jedes Kind entscheidet, wie viele Karten es zieht, jedoch höchstens drei pro Runde. Ziel ist es, alle Felder auf der Spielvorlage mit mindestens einer Karte zu belegen. Wird die Viruskarte gezogen, müssen die Karten von allen Kindern eingesammelt, gemischt und unter den Stapel in der Mitte gelegt werden. Das Spiel ist zu Ende, wenn alle Felder auf der Spielvorlage mit mindestens einer Karte belegt sind, bevor die Viruskarte gezogen wird. Je nach Spielverlauf können die Kinder zwei oder mehrere Runden spielen. Eine Sicherung entfällt aus Zeitgründen. Es ist sinnvoll, während der Arbeitsphase herumzugehen und die Schüler*innen daran zu erinnern, dass sie die Bilder auch benennen sollen.

In der Arztpraxis – Karten

© seanlockephotography – stock.adobe.com

© Africa Studio – stock.adobe.com

© ArtmannWitte – Shutterstock.com

© Cora Schilf – Shutterstock.com

© Jordi Mora – Shutterstock.com

© Pixel-Aufnahme – Shutterstock.com

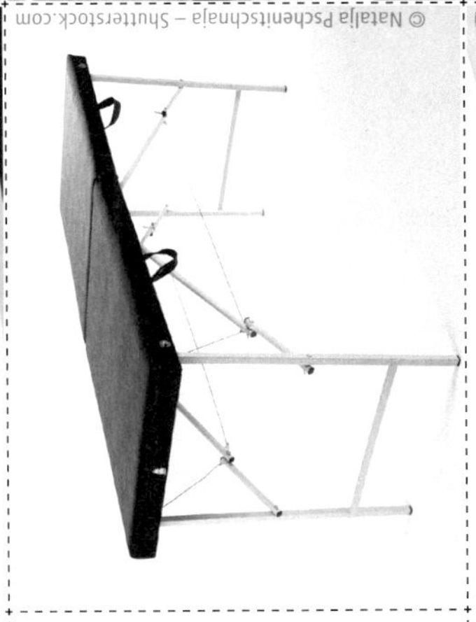

© Natalija Pschenitschnaja – Shutterstock.com

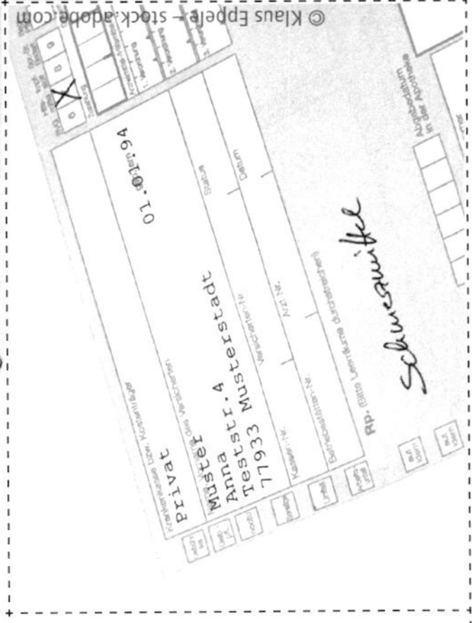

© Klaus Eppele – stock.adobe.com

der Arzt

die Ärztin

das Wartezimmer

die Anmeldung

die Arzthelferin

der Arzthelfer

die Liege

das Rezept

In der Arztpraxis

1. Verbinde das Bild mit dem richtigen Wort.

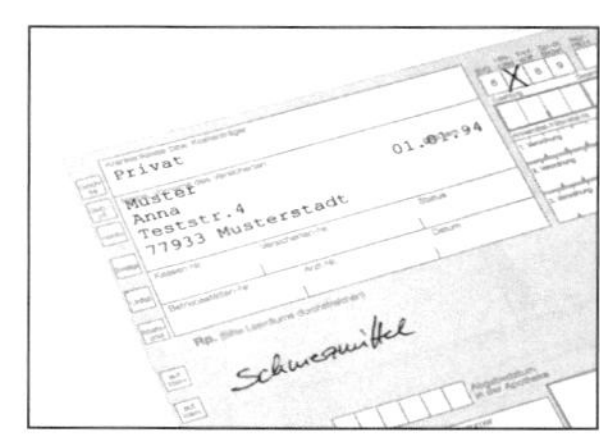

der Arzthelfer

das Wartezimmer

die Liege

der Arzt

das Rezept

die Ärztin

die Arzthelferin

die Anmeldung

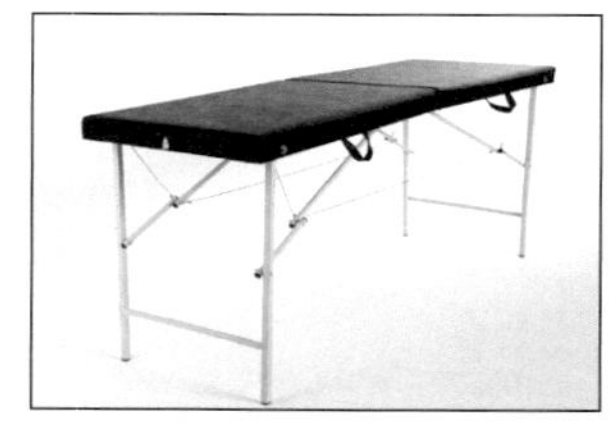

2. Schreibe die Wörter richtig auf.

LGIEE ....

GUNDLEMNA ....

ZEERPT ....

ZRTA ....

WZMMARETIER ....

Das Virus-Spiel

 © Verlag an der Ruhr | Autorin: Nina Wilkening | ISBN 978-3-8346-6250-7 | www.verlagruhr.de

Essen und Trinken

In der Mini-Einheit „Essen und Trinken" geht es genau darum:

Die Kinder lernen Bezeichnungen für Obst- und Gemüsesorten sowie Besteck und Geschirr kennen. Die Stunden 23 und 24 vermitteln einen Wortschatz, der in Stunde 25 aufgegriffen, gefestigt und mit Lagebeziehungen in Verbindung gebracht wird.

Die Mini-Einheit setzt sich aus folgenden Stunden zusammen:

Stunde 23: Obst und Gemüse

In dieser Stunde erweitern die Kinder ihren **Wortschatz** zum Thema **„Obst und Gemüse"**. Sie dient zur **Wortschatzeinführung** und Festigung.

Stunde 24: Besteck und Geschirr

In dieser Stunde lernen die Kinder **Bezeichnungen** für **Besteck** und **Geschirr**. Auch diese Stunde dient zur **Wortschatzeinführung** und **Festigung** und bereitet auf Stunde 25 vor.

Stunde 25: Lauter bunte Teller – Lagebeziehungen

In dieser Stunde wird der **Wortschatz aus den vorangegangenen Stunden** zusammengeführt und mit dem Thema **„Lagebeziehungen"** verbunden. Für diese Stunde ist es wichtig, dass die Kinder die **Farbadjektive** kennen.

23. Obst und Gemüse

Thema

Erweiterung des Wortschatzes zum Thema „Obst und Gemüse"

Kompetenzerwartungen

Die Kinder …

- kennen ausgewählte Obst- und Gemüsesorten.
- verstehen den Unterschied zwischen Obst und Gemüse.

Materialliste

- Kopiervorlage „Obst und Gemüse – Bildkarten"
- Kopiervorlage „Kategoriekarten: Obst und Gemüse"
- Arbeitsblatt „Obst und Gemüse"

Das bereiten Sie vor

- Kopieren Sie die Bildkarten so groß, dass Sie sie an die Tafel hängen können. Schneiden Sie die Karten auseinander.
- Kopieren Sie die Bildkarten zusätzlich 2-mal für eine 2er- bis 4er-Gruppe und schneiden Sie die Karten aus.
- Kopieren Sie die Kategoriekarten einmal und schneiden Sie diese aus
- Kopieren Sie das Arbeitsblatt im Klassensatz.

Stundenverlauf

1. Einstieg (ca. 10–15 Min.)

Führen Sie den Wortschatz ein, indem Sie die Bildkarten einzeln nacheinander an die Tafel hängen und mit den Schüler*innen chorisch sprechen.
Erklären Sie den Kindern den Unterschied zwischen Obst und Gemüse, indem Sie die großen Bildkarten „Eis" und „Salat und Suppe" aufhängen, und sortieren Sie die Karten an der Tafel entsprechend: Was man zum Eis dazuessen kann (meist süß), ist Obst, was man als Salat oder Suppe essen kann, ist Gemüse. Diese Erklärung ist absichtlich stark vereinfacht, damit es für die Kinder verständlicher wird.
Obstsorten: Kirsche, Banane, Apfel, Orange, Erdbeere, Trauben, Kiwi, Ananas, Himbeeren, Zitrone
Gemüsesorten: Gurke, Karotte/Möhre, Kartoffel, Salat, Paprika, Bohne, Blumenkohl, Tomate, Spargel, Zwiebel

Verteilen Sie die kleinen Bildkarten an die Schüler*innen. Jedes Kind bekommt eine und geht damit durch den Raum. Trifft es auf ein anderes Kind, zeigt es seine Bildkarte und fragt: „Was ist das? Ist das Obst oder Gemüse?" Das andere Kind antwortet, zeigt ebenfalls seine Karte und stellt die Fragen. Anschließend werden die Karten getauscht und ein neues Partnerkind gesucht.

2. Arbeitsphase (ca. 20–25 Min.)

Die Kinder bearbeiten zunächst in Einzelarbeit das Arbeitsblatt. Wer dieses beendet hat, wartet an einem verabredeten Ort („Haltestelle") auf ein Partnerkind und vergleicht mit diesem die Ergebnisse.

Lösung:

T	O	M	A	T	E		P	A	P	R	I	K	A
S	S							K					
P	A						Z	I	T	R	O	N	E
A	L							W			R		
R	A							I			A		
G	T		B	A	N	A	N	E			N		
E	R	D	B	E	E	R	E				G		
L			B	O	H	N	E				E		

23. Obst und Gemüse

3. Sicherung (ca. 5–10 Min.)

Spielen Sie das bekannte Spiel „Obstsalat". Dazu bilden Sie einen Stuhlkreis, in dem ein Stuhl zu wenig vorhanden ist. Ordnen Sie jedem Kind mündlich eine Obst- oder Gemüsesorte zu, wobei mehreren Kindern dieselbe Sorte zugeordnet wird. Das gelingt am einfachsten, wenn Sie sich auf vier oder fünf Sorten beschränken. Sagen Sie: „Du bist eine Erdbeere, du bist ein Salat …"

Ein Kind hat keinen Stuhl, es stellt sich in die Mitte und nennt eine der Obst- und Gemüsesorten. Die Kinder, denen diese Sorte zugeteilt wurde, wechseln den Platz. Das Kind in der Mitte versucht, einen freien Platz zu ergattern. Ein Kind bleibt übrig und nennt als Nächstes eine Obst- oder Gemüsesorte. Wird statt einer Sorte „Obstsalat" gerufen, wechseln alle Kinder ihre Plätze. Sie können auch zunächst nur mit den Obstsorten und anschließend nur mit den Gemüsesorten spielen.

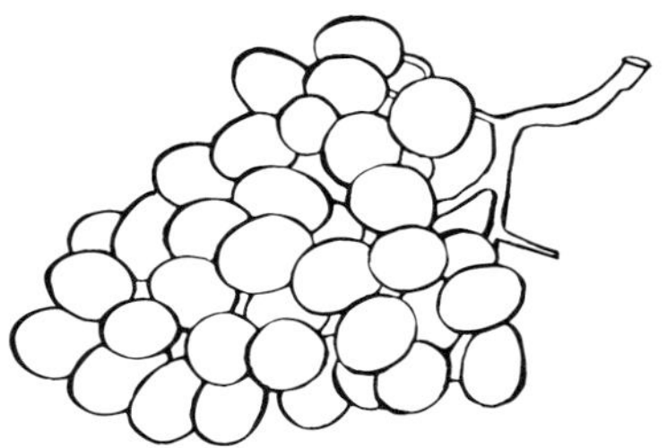

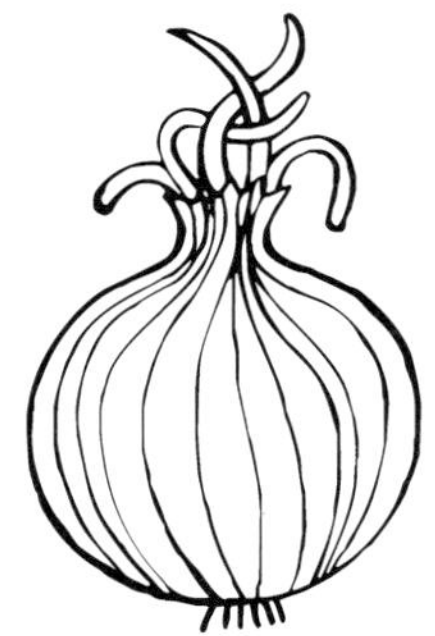

Kopiervorlage

Obst und Gemüse – Bildkarten (1/2)

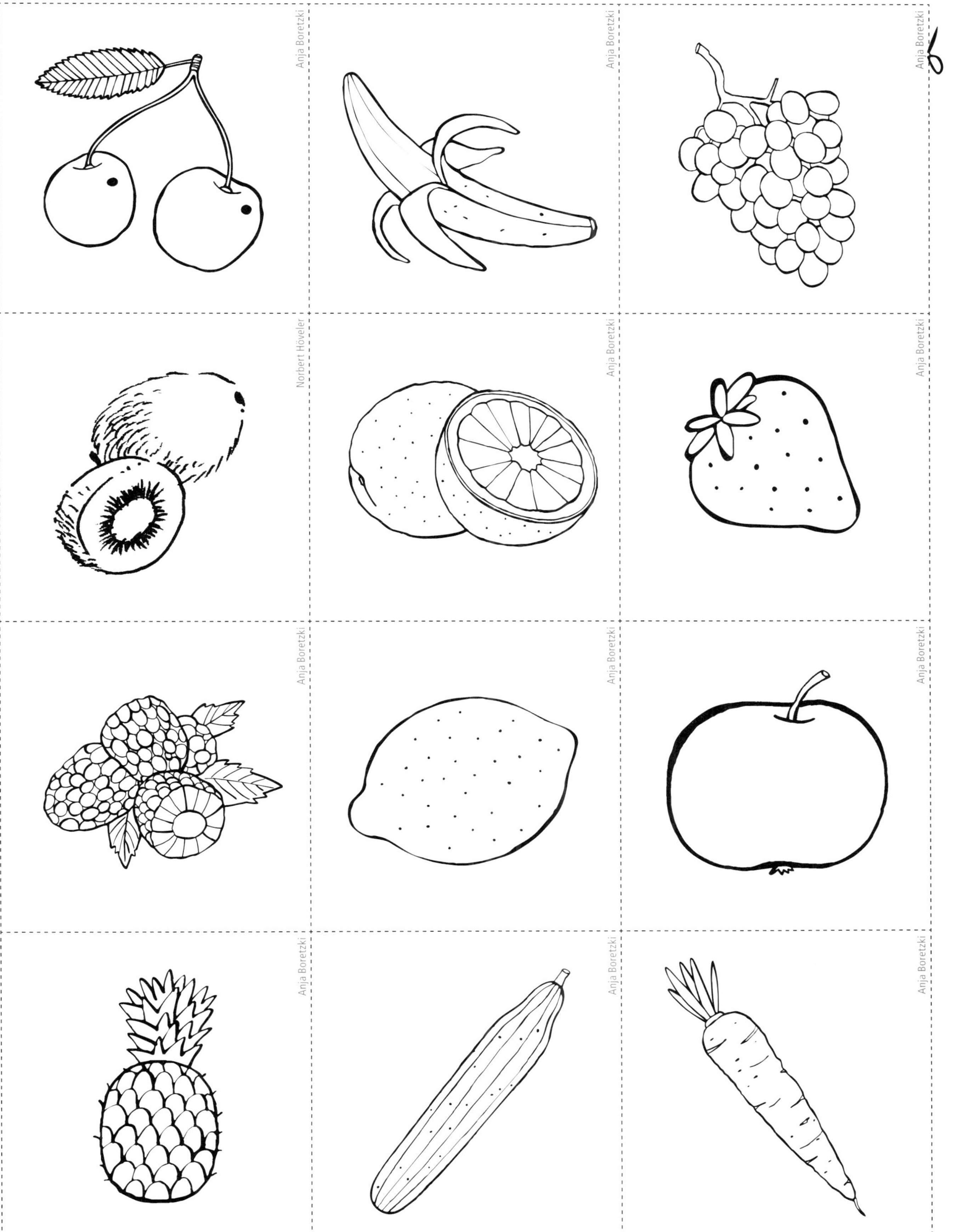

Obst und Gemüse – Bildkarten (2/2)

© Verlag an der Ruhr | Autorin: Nina Wilkening | ISBN 978-3-8346-6250-7 | www.verlagruhr.de

Kategoriekarten: Obst und Gemüse

Anja Boretzki

Obst

Norbert Höveler

Gemüse

© Verlag an der Ruhr | Autorin: Nina Wilkening | ISBN 978-3-8346-6250-7 | www.verlagruhr.de

Obst und Gemüse

1. Suche die Obst- und Gemüsesorten.
Male an: Obst rot: Banane, Erdbeere, Kiwi, Zitrone, Orange
Gemüse grün: Paprika, Tomate, Salat, Bohne, Spargel

T	O	M	A	T	E	B	P	A	P	R	I	K	A
S	S	K	P	E	R	W	B	K	K	P	E	G	P
P	A	F	C	H	B	D	Z	I	T	R	O	N	E
A	L	G	H	R	S	S	N	W	M	L	R	F	L
R	A	N	J	G	E	A	F	I	G	J	A	D	G
G	T	A	B	A	N	A	N	E	B	G	N	B	D
E	R	D	B	E	E	R	E	A	F	N	G	I	G
L	N	B	B	O	H	N	E	S	V	E	E	K	W

2. Löse das Kreuzworträtsel.

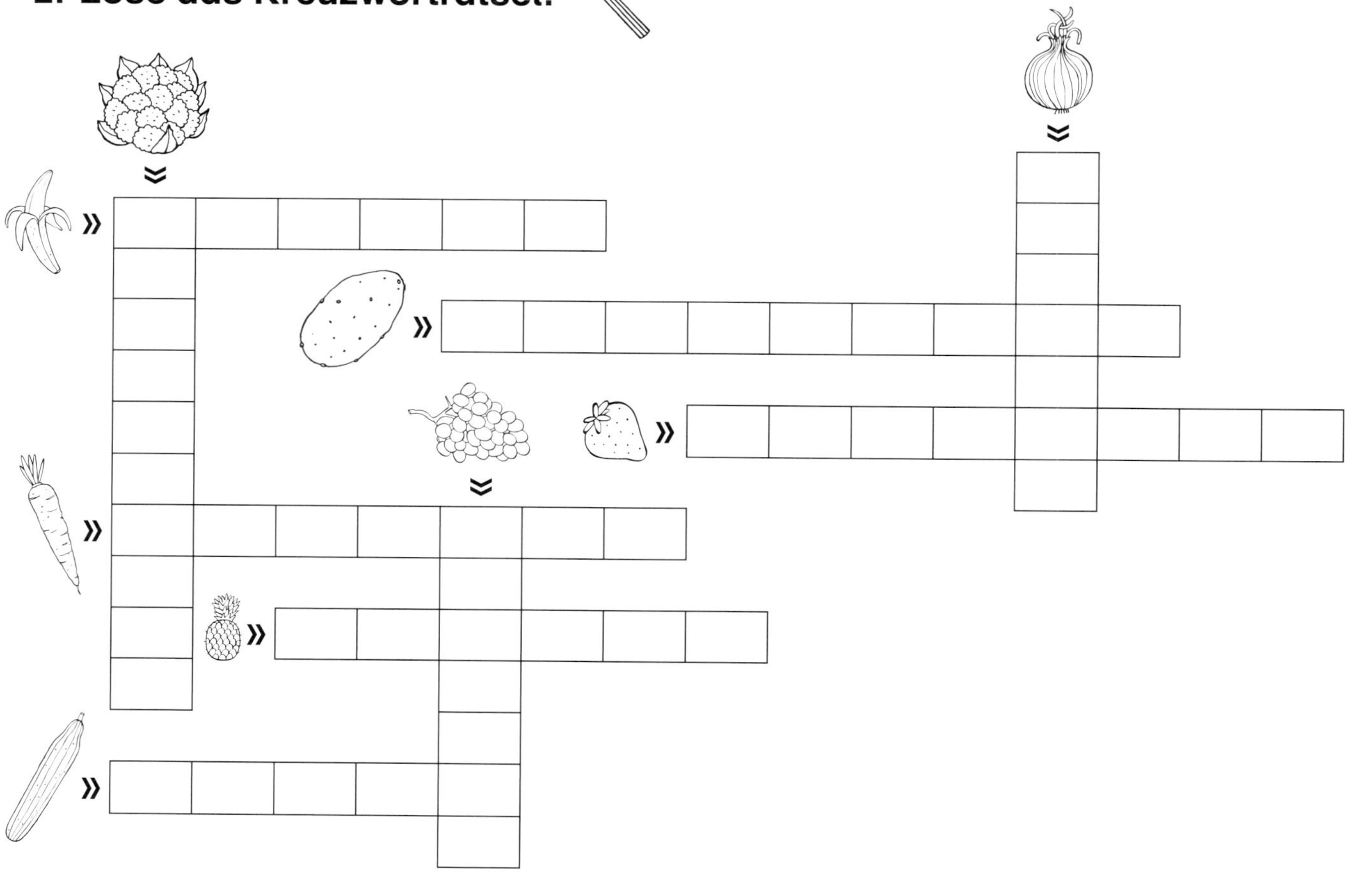

24. Besteck und Geschirr

Thema

Erweiterung des Wortschatzes zum Thema „Besteck und Geschirr"

Kompetenzerwartungen

Die Kinder …

- lernen neue Begriffe zum Thema „Besteck und Geschirr".
- festigen Begriffe zum Thema „Besteck und Geschirr".

Materialliste

- Kopiervorlage „Besteck und Geschirr – Wort-Bild-Karten"
- Arbeitsblatt „Besteck und Geschirr"
- ggf. 2 Fliegenklatschen

Das bereiten Sie vor

- Kopieren Sie die Wort-Bild-Karten so groß, dass Sie sie als Wortschatzeinführung an die Tafel hängen können. Schneiden Sie die Karten auseinander.
- Kopieren Sie die Vorlage der Wort-Bild-Karten zusätzlich im Klassensatz.
- Kopieren Sie das Arbeitsblatt im Klassensatz.

Stundenverlauf

1. Einstieg (ca. 10 Min.)

Führen Sie den Wortschatz ein, indem Sie die Wort-Bild-Karten einzeln nacheinander an die Tafel hängen und mit den Schüler*innen chorisch sprechen.
Spielen Sie das „Fliegenklatschen-Spiel":
Zwei Kinder kommen nach vorn, erhalten ggf. je eine Fliegenklatsche und stellen sich links bzw. rechts von den Bildkarten auf. Nennen Sie einen auf der Bildkarte abgebildeten Begriff. Beide Kinder versuchen, möglichst schnell auf das passende Bild zu klatschen (mit der Fliegenklatsche oder alternativ mit der Hand). Wechseln Sie nach ein paar Runden die Kinder.

2. Arbeitsphase (ca. 25–30 Min.)

Verteilen Sie zunächst die Vorlage der Wort-Bild-Karten an die Kinder. Die Kinder schneiden die Karten aus. Nun finden sich die Kinder paarweise zusammen und spielen „Tischdecken". Hierzu stellen die Kinder einen Sichtschutz zwischen sich (z. B. den Ranzen). Kind 1 „deckt seinen Tisch": Es sucht sich fünf Gegenstände aus und legt sie vor sich. Kind 2 fragt: „Ist auf deinem Tisch ein Teller?" Kind 1 antwortet. Hat Kind 2 richtig geraten, legt es das Teller-Kärtchen vor sich. Die Runde ist zu Ende, wenn Kind 2 alle fünf Gegenstände erraten hat. Der Sichtschutz wird weggenommen und die Kinder vergleichen. Danach ist Kind 2 mit Tischdecken dran. Unterbrechen Sie diese Phase nach ca. 15 Minuten. Verteilen Sie das Arbeitsblatt. Die Kinder bearbeiten es in Einzelarbeit.

3. Sicherung (ca. 5–10 Min.)

Nehmen Sie einen Satz der Wort-Bild-Karten zur Hand. Verteilen Sie die Karten an die Kinder. Spielen Sie das Spiel „Kartentausch": Die Kinder gehen durch den Raum. Treffen sich zwei Kinder, zeigen sie sich gegenseitig ihre Bildkarten und fragen nach, wie der abgebildete Begriff heißt. Anschließend tauschen sie die Karten.
Wenn noch Zeit bleibt, können Sie „Das Haus vom Nikolaus" spielen: Schreiben Sie für jeden Buchstaben eines Wortes einen Strich an die Tafel. Die Kinder nennen einen Buchstaben. Gehört dieser ins Wort, schreiben Sie ihn auf den richtigen Strich/auf mehrere Striche. Gehört der Buchstabe nicht ins Wort, zeichnen Sie je einen Strich vom Haus des Nikolaus. Ist das Haus fertig, hat die Klasse verloren. Kann ein Kind das Rätsel lösen, nennt es das Wort und darf das nächste Rätsel stellen.

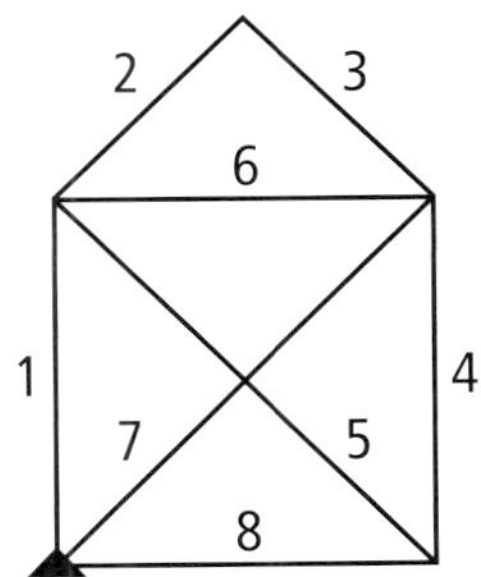

Besteck und Geschirr – Wort-Bild-Karten (1/2)

Besteck und Geschirr – Wort-Bild-Karten (2/2)

Astrid Wilkesmann

die Schüssel

Astrid Wilkesmann

der Messbecher

Dorothee Wolters

die Pfanne

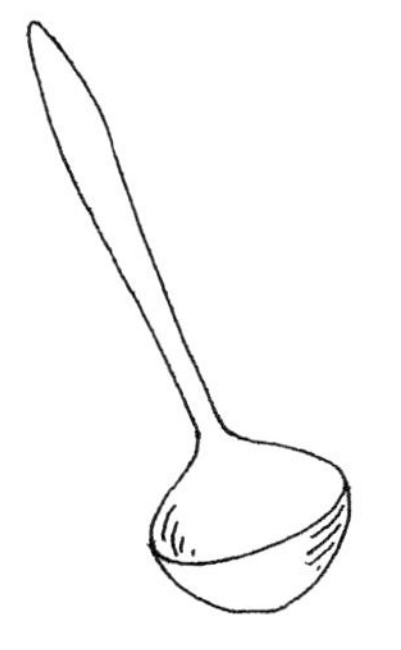
Astrid Wilkesmann

die Suppenkelle

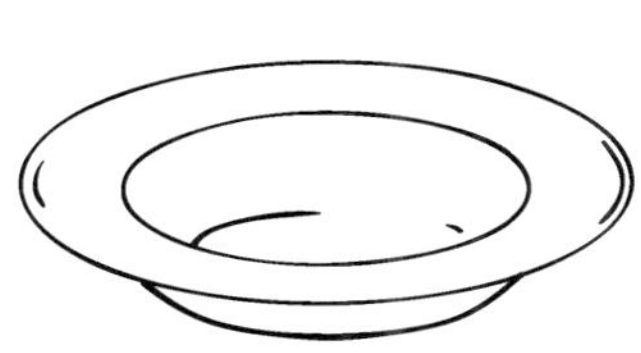
Dorothee Wolters

der Suppenteller

Astrid Wilkesmann

der Salzstreuer

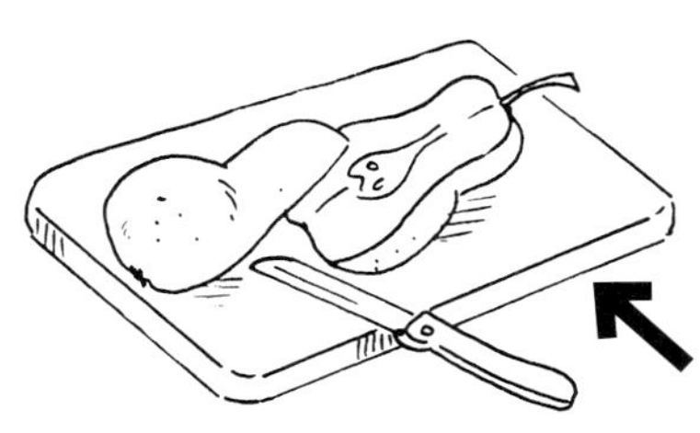
Eva Spanjardt

das Schneidebrett

Astrid Wilkesmann

das Schälchen

Besteck und Geschirr

1. Schreibe die Wörter richtig auf.

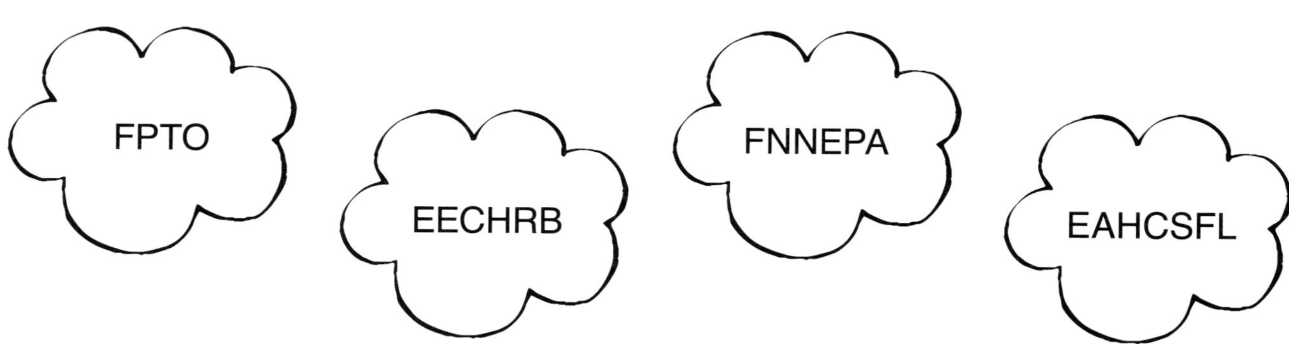

....

....

2. Löse das Kreuzworträtsel.

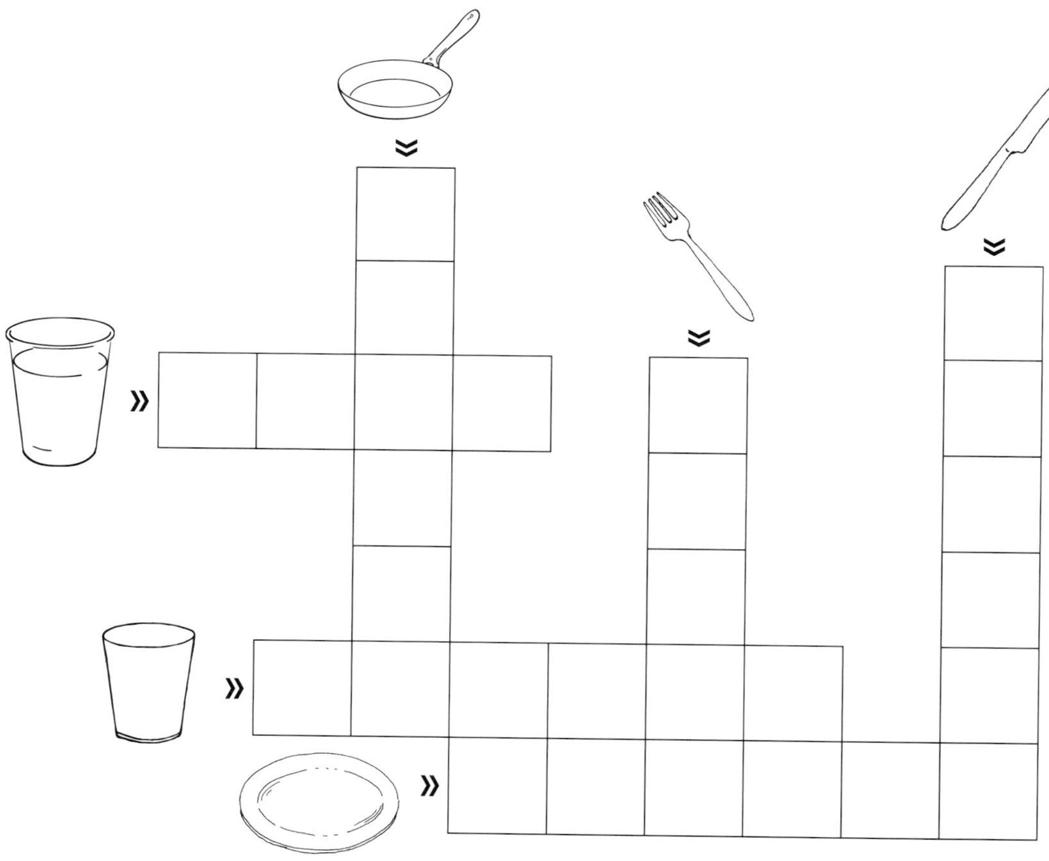

© Verlag an der Ruhr | Autorin: Nina Wilkening | ISBN 978-3-8346-6250-7 | www.verlagruhr.de

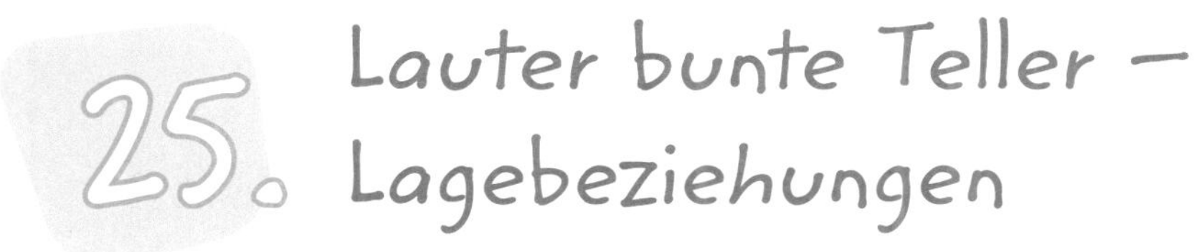

25. Lauter bunte Teller – Lagebeziehungen

Thema

Wiederholung des Wortschatzes aus den beiden vorherigen Stunden, richtiges Benennen von Lagebeziehungen

Kompetenzerwartungen

Die Kinder ...

- festigen den Wortschatz aus den vergangenen Stunden.
- können Lagebeziehungen erkennen und benennen.
- können Informationen aus Sätzen entnehmen.

Materialliste

- Kopiervorlage „Obst und Gemüse – Bildkarten" (aus Stunde 23)
- Kopiervorlage „Besteck und Geschirr – Wort-Bild-Karten" (aus Stunde 24)
- Arbeitsblatt „Lauter bunte Teller"
- *pro Kind:* ein Blanko-DIN-A4-Blatt, Farbstifte

Das bereiten Sie vor

Kopieren Sie das Arbeitsblatt im Klassensatz.

Stundenverlauf

1. Einstieg (ca. 10–15 Min.)

Wiederholen Sie die Bildkarten aus den beiden vorherigen Stunden, zuerst die Bildkarten aus Stunde 23, dann die aus Stunde 24. Spielen Sie folgende Spiele:

- *„Was fehlt?":* Hängen Sie die Bildkarten an die Tafel. Bitten Sie die Schüler*innen, die Augen zu schließen, und nehmen Sie eine oder mehrere Karten weg. Bitten Sie die Kinder, die Augen zu öffnen und zu sagen, welche Karte(n) fehlen.
- *„Karten tauschen":* Die Vorgehensweise ist dieselbe, nur werden keine Karten weggenommen, sondern die Plätze der Karten vertauscht.

2. Arbeitsphase (ca. 20–25 Min.)

Die Kinder bearbeiten das Arbeitsblatt in Einzelarbeit. Sie lesen Sätze, die verschiedene Teller beschreiben, und finden heraus, welches Bild eines Tellers zu den Sätzen passt. Sollten die Kinder die Sätze noch nicht lesen können, können Sie die Sätze entweder im Plenum vorlesen oder die Kinder paarweise zusammenarbeiten lassen, wobei immer ein stärkeres mit einem schwächeren Kind zusammenarbeitet.
Als Zusatz malen die Kinder ein eigenes Bild von einem Obst- und/oder Gemüseteller. Achten Sie darauf, dass die Kinder auf die Vorderseite der eigenen Bilder keinen Namen schreiben. Sinnvoll kann es sein, wenn die Kinder ihren Namen auf der Rückseite notieren.

3. Sicherung (ca. 5–10 Min.)

Besprechen Sie mit den Kindern das Arbeitsblatt. Sammeln Sie die Bilder der Kinder, die eigene Teller gemalt haben, ein und hängen Sie diese an die Tafel. Achten Sie darauf, dass man keine Namen auf dem Blatt sieht. Fordern Sie die Kinder, die die Teller gemalt haben, auf, ihren Teller zu beschreiben. Die anderen Kinder erraten, welcher Teller gemeint ist.
Wenn noch Zeit bleibt, können Sie das „Wortwolken-Spiel" spielen: Bitten Sie die Kinder, die Augen zu schließen. Schreiben Sie die Buchstaben eines Wortes aus dem Wortschatz (Stunden 23 und 34) durcheinander in eine Wolke an die Tafel.
Bitten Sie die Kinder, die Augen wieder zu öffnen und das Wort in der Wolke zu nennen.
Das Kind, das das Wort genannt hat, darf ein neues anschreiben. Als einfachere Variante können auch Sie alle Wörter anschreiben oder stattdessen eines der Spiele aus der Einstiegsphase wiederholen.

Lauter bunte Teller

1. Welcher Text gehört zu welchem Bild? Verbinde. 

Teller 1:
Auf dem Teller liegen
4 Äpfel.
Links von den Äpfeln liegt
eine Banane.
Rechts von den Äpfeln sind
Trauben.

Teller 2:
Auf dem Teller liegen
3 Äpfel.
Links von den Äpfeln liegt
eine Gurke.
Neben dem Teller
steht ein Glas.

Teller 3:
Auf dem Teller liegen
3 Karotten.
Über den Karotten sind
2 Tomaten.
Neben dem Teller
liegen eine Gabel
und ein Messer.

2. Male das Obst und Gemüse an. 

Apfel = rot, Gurke = grün, Trauben = blau, Karotten = orange,
Tomaten = rot, Banane = gelb

Jahreszeiten

Die Stunden 26–28 sind sehr ähnlich aufgebaut: Nach einer ausgiebigen spielerischen Wortschatzeinführung zur jeweiligen Jahreszeit bearbeiten die Schüler*innen in Einzelarbeit ein Arbeitsblatt. Die Sicherungsphase findet wieder gemeinsam im Plenum statt. Hier zeigen die Schüler*innen entweder ihre gemalten Jahreszeitenbilder oder es wird erneut gespielt. In Stunde 29 wird in allen Phasen gespielt.
Um nicht zu viel Neues innerhalb einer Stunde einzuführen, wird auf eine kleine Auswahl an Spielen zurückgegriffen, die in mehreren Stunden zum Einsatz kommen und so den Kindern im Laufe der Zeit bekannt sind. Lediglich in zwei der vier Stunden sollen die Schüler*innen eigene Jahreszeitenbilder malen. Sie als Lehrkraft erhalten durch die gemalten Bilder einen Eindruck, welche weiteren jahreszeitlichen Gegenstände die Kinder zwar malen, aber nicht auf Deutsch benennen können. Sie können den aktiven Wortschatz der Kinder erweitern, indem Sie z. B. unter einzelne Gegenstände, die die Kinder gemalt haben, aber nicht benennen können, den deutschen Begriff schreiben.
In „schwächeren" Lerngruppen können Kinder zu zweit oder in einer Kleingruppe auch statt Bildern gemeinsam Jahreszeitenplakate gestalten oder Collagen kleben.
Die letzte Stunde (Stunde 30) fasst alle Stunden zuvor zusammen und wiederholt Inhalte und Wortschatz.

Sie können diese Mini-Einheit am Stück durchführen, z. B. parallel zum Sachunterrichtsthema „Zeit/Jahreszeiten". Genauso passend ist es aber auch, wenn Sie die Einzelstunden über das Schuljahr verteilen und immer zu Beginn einer neuen Jahreszeit eine der Stunden einschieben. Dann müssen die einzelnen Spiele eventuell neu erklärt bzw. wiederholt werden.

Die Mini-Einheit setzt sich aus folgenden Stunden zusammen:

Stunde 26: Frühling

In dieser Stunde lernen die Schüler*innen Begriffe aus dem **Themenbereich „Frühling"** kennen. In mehreren Spielen üben sie den **Wortschatz** ein. Anschließend lösen sie auf dem Arbeitsblatt zur Vertiefung **Rätsel** und malen ein **Frühlingsbild**, das sie in der Sicherung vorstellen.

Stunde 27: Sommer

In dieser Stunde lernen die Schüler*innen Begriffe aus dem **Themenbereich „Sommer"** kennen. Spielerisch wird der **Wortschatz** eingeübt und anhand eines Arbeitsblattes vertieft. In der Abschlussphase erfolgt ein **Spiel**, bei dem die Kinder ihren Lernzuwachs zeigen können.

Stunde 28: Herbst

In dieser Stunde lernen die Schüler*innen Begriffe aus dem **Themenbereich „Herbst"** kennen. Neben einem bereits aus Stunde 26 bekannten **Spiel** kommt ein weiteres Spiel zur Einübung des **Wortschatzes** zum Einsatz. Das Arbeitsblatt zur Vertiefung wird in Einzelarbeit bearbeitet. Abschließend malen die Kinder ein **Herbstbild** und beschreiben Herbstgegenstände mündlich beim Abschlussspiel.

Stunde 29: Winter

In dieser Stunde lernen die Schüler*innen Begriffe aus dem **Themenbereich „Winter"** kennen. Es wird durchgängig gespielt: Im Plenum wird ein bereits bekanntes **Spiel** zusammen mit einem neuen gespielt. In der Arbeitsphase folgen in Kleingruppen Memo und das Regenwolken-Spiel. Den Abschluss bildet in der Sicherungsphase das Dingsbums-Spiel.

Stunde 30: Jahreszeiten

In dieser Stunde wird im **Stationenbetrieb** der Wortschatz aller Jahreszeiten wiederholt.

Frühling

Thema

Erweiterung des Wortschatzes zum Thema „Frühling"

Kompetenzerwartungen

Die Kinder …
kennen Begriffe, die zum Thema „Frühling" gehören.

Materialliste

- Kopiervorlage „Frühling – Wort-Bild-Karten"
- Arbeitsblatt „Frühling"
- *pro Kind:* ein Blanko-DIN-A4-Blatt

Das bereiten Sie vor

- Kopieren Sie die Wort-Bild-Karten einmal so groß, dass Sie sie zur Wortschatzeinführung an die Tafel hängen können. Schneiden Sie die Karten auseinander.
- Kopieren Sie das Arbeitsblatt im Klassensatz
- Erstellen Sie ein Lösungsblatt zum Arbeitsblatt.

Stundenverlauf

1. Einstieg (ca. 10–15 Min.)

Führen Sie den Wortschatz ein, indem Sie die Wort-Bild-Karten einzeln nacheinander an die Tafel hängen und mit den Schüler*innen chorisch sprechen.
Spielen Sie folgende Spiele:

- *„Hopp oder Stopp":* Nehmen Sie die Karten als Stapel zur Hand und halten Sie diese vor Ihren Bauch. Die Kinder stehen. Nennen Sie einen Begriff, der auf den Karten abgebildet ist (z. B. „Küken"). Zeigen Sie nun die Karten nacheinander. Bei jeder Karte, auf der der Begriff („Küken") nicht abgebildet ist, hüpfen die Kinder und rufen den richtigen Begriff (also z. B. „Osterhase!", wenn ein Osterhase abgebildet ist). Ist die Bildkarte an der Reihe, auf der der von Ihnen ausgewählte Begriff abgebildet ist („Küken"), hüpfen die Kinder nicht, sondern rufen „Stopp!" und machen eine abwehrende Handbewegung.
- *„Wiederhole, wenn es richtig ist":* Zeigen Sie ebenfalls die Karten nacheinander und nennen Sie den abgebildeten Begriff. Die Kinder wiederholen diesen Begriff. Bei einigen Bildern nennen Sie einen anderen Begriff. Dann schweigen die Kinder.

2. Arbeitsphase (ca. 20 Min.)

Die Kinder bearbeiten zunächst das Arbeitsblatt in Einzelarbeit. Fertige Kinder kontrollieren mithilfe des Lösungsblatts. Anschließend malen die Schüler*innen ein Frühlingsbild.

3. Sicherung (ca. 10–15 Min.)

Bitten Sie die Schüler*innen, ihre Bilder zu zeigen und dazu zu erzählen.
Sollte noch Zeit bleiben, spielen Sie zum Abschluss „Das Haus vom Nikolaus": Schreiben Sie für jeden Buchstaben eines Wortes einen Strich an die Tafel. Die Kinder nennen einen Buchstaben. Gehört dieser ins Wort, schreiben Sie ihn auf den richtigen Strich/auf mehrere Striche. Gehört der Buchstabe nicht ins Wort, zeichnen Sie je einen Strich vom Haus des Nikolaus. Ist das Haus fertig, hat die Klasse verloren. Kann ein Kind das Rätsel lösen, nennt es das Wort und darf das nächste Rätsel stellen.

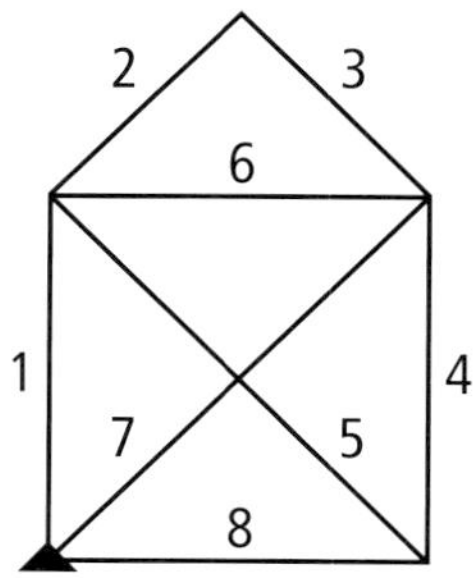

Frühling – Wort-Bild-Karten

© Verlag an der Ruhr | Autorin: Nina Wilkening | ISBN 978-3-8346-6250-7 | www.verlagruhr.de

Frühling

1. Löse das Kreuzworträtsel.

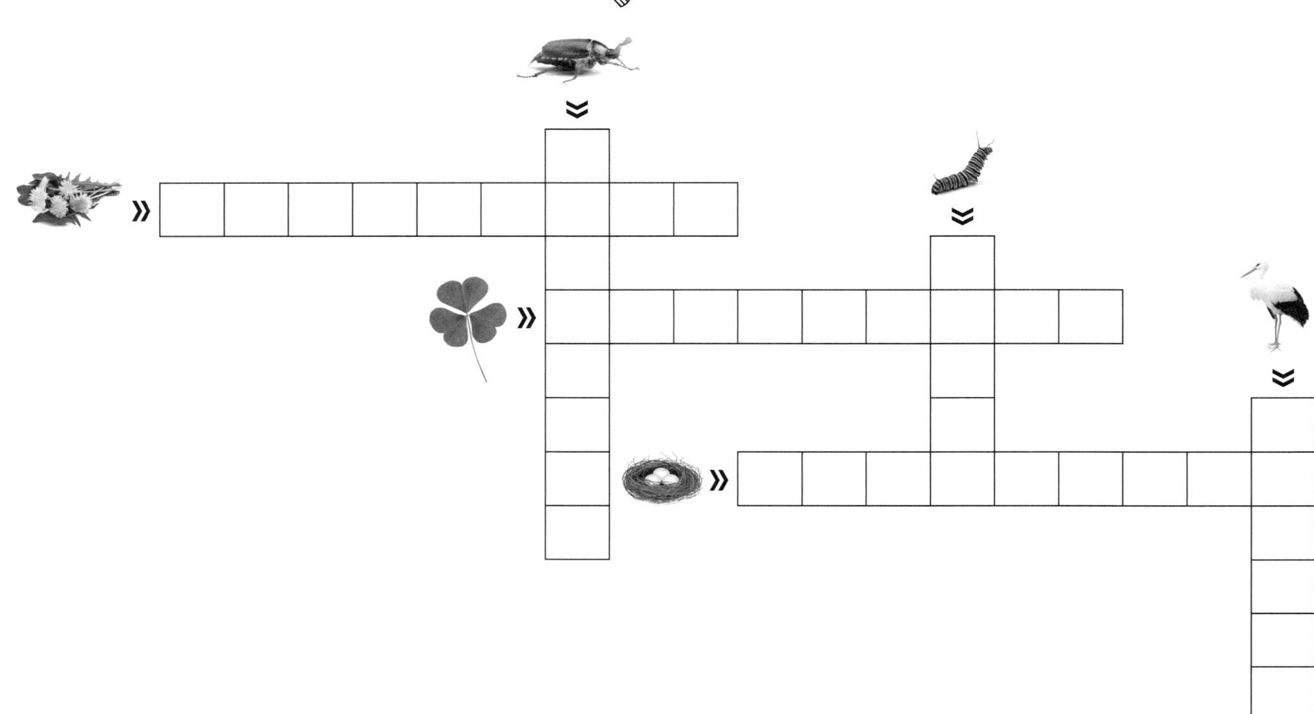

2. Schreibe die Wörter richtig auf.

SRAG ....

EOSNKP ....

ELKEBATLT ....

MKÄREIAF ....

Sommer

Thema

Erweiterung des Wortschatzes zum Thema „Sommer"

Kompetenzerwartungen

Die Kinder …
kennen Begriffe, die zum Thema „Sommer" gehören.

Materialliste

- Kopiervorlage „Sommer – Wort-Bild-Karten"
- Arbeitsblatt „Sommer"
- ggf. 2 Fliegenklatschen

Das bereiten Sie vor

- Kopieren Sie die Wort-Bild-Karten einmal vergrößert, sodass Sie sie zur Wortschatzeinführung an die Tafel hängen können. Schneiden Sie die Karten auseinander.
- Kopieren Sie die Wort-Bild-Karten zusätzlich in DIN A4 in 1/3 Klassenstärke. Trennen Sie hier die Begriffe ab, sodass Sie nur Bildkarten erhalten.
- Kopieren Sie das Arbeitsblatt im Klassensatz.
- Erstellen Sie ein Lösungsblatt zum Arbeitsblatt.

Stundenverlauf

1. Einstieg (ca. 10–15 Min.)

Führen Sie den Wortschatz ein, indem Sie die Wort-Bild-Karten einzeln nacheinander an die Tafel hängen und mit den Schüler*innen chorisch sprechen.

- *Spielen Sie das Spiel „Plopp":* Hängen Sie immer acht bis zehn Karten nebeneinander an die Tafel. Die Kinder stehen. Das erste Kind benennt das erste Bild in der Reihe, das zweite Kind das zweite Bild. Ist die Bilderreihe zu Ende, sagt das Kind, das als Nächstes dran wäre, „Plopp!" und setzt sich.
- *Spielen Sie das „Fliegenklatschen-Spiel":* Hängen Sie die Karten durcheinander an die Tafel. Zwei Kinder stehen links bzw. rechts von den Karten. Nennen Sie einen Begriff. Die Kinder versuchen, möglichst schnell auf das passende Bild zu schlagen – mit der Hand oder einer Fliegenklatsche.

2. Arbeitsphase (ca. 20 Min.)

Verteilen Sie immer an drei Kinder zusammen eine Bildkarten-Vorlage. Die Kinder spielen gemeinsam das Fliegenklatschen-Spiel aus dem Einstieg: Ein Kind nennt einen Begriff, die übrigen beiden klatschen mit der Hand auf das Bild. Brechen Sie die Phase nach ca. 10 Minuten ab. Die Kinder bearbeiten das Arbeitsblatt in Einzelarbeit und kontrollieren es mithilfe des Lösungsblatts.

3. Sicherung (ca. 5–10 Min.)

Teilen Sie die Klasse in zwei Hälften. Die Kinder einer Gruppe stellen sich hintereinander in einer Schlange auf. Stellen Sie sich vor die ersten beiden Kinder und zeigen Sie ein Bild. Das Kind, das zuerst rufen kann, wie der abgebildete Begriff heißt, gewinnt. Das „Gewinnerkind" und das „Verliererkind" stellen sich gemeinsam hinter die Schlange des Gewinnerkinds. Das Spiel ist zu Ende, wenn es nur noch eine Mannschaft gibt oder wenn keine Zeit mehr bleibt.

Sommer – Wort-Bild-Karten

der Badeanzug

die Badehose

die Wassermelone

die Erdbeere

der Marienkäfer

die Kirschen

der Eisbecher

der Sonnenhut

das Freibad

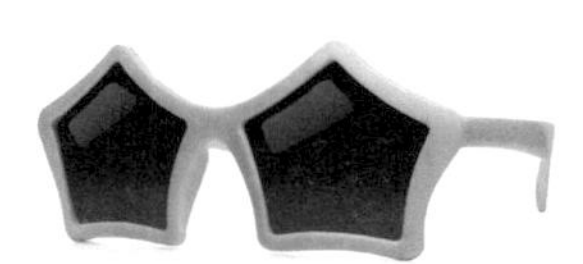

die Sonnenbrille

die Sonne

die Biene

die Sonnencreme

der Strand

der Sonnenschirm

die Sandalen

Sommer

1. Welches Wort stimmt? Kreuze an.

☐ die Erdbeere
☐ der Eisbecher
☐ die Biene

☐ der Strand
☐ der Marienkäfer
☐ der Eisbecher

☐ das Freibad
☐ die Sandalen
☐ die Erdbeere

☐ die Sonnenbrille
☐ der Sonnenschirm
☐ die Sonnencreme

☐ die Kirschen
☐ die Erdbeere
☐ die Wassermelone

☐ der Sonnenhut
☐ die Badehose
☐ der Badeanzug

2. Lies und setze die Wörter aus dem Kasten richtig ein.

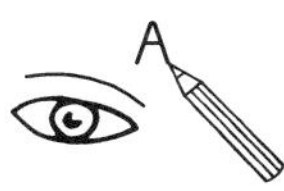

Wir fahren im Urlaub an den ....

Ich gehe zum Schwimmen ins ....

Ich esse einen leckeren ....

Die .... schützt meine Augen vor Sonne.

Eine .... fliegt zur Blume.

Eisbecher Freibad Biene Strand Sonnenbrille

 | ISBN 978-3-8346-6250-7 | www.verlagruhr.de

Herbst

Thema

Erweiterung des Wortschatzes zum Thema „Herbst"

Kompetenzerwartungen

Die Kinder …
kennen Begriffe, die zum Thema „Herbst" gehören.

Materialliste

- Kopiervorlage „Herbst – Wort-Bild-Karten"
- Arbeitsblatt „Herbst"
- *pro Kind:* ein Blanko-DIN-A4-Blatt

Das bereiten Sie vor

- Kopieren Sie die Wort-Bild-Karten einmal vergrößert, sodass Sie sie zur Wortschatzeinführung an die Tafel hängen können. Schneiden Sie die Karten auseinander.
- Kopieren Sie das Arbeitsblatt im Klassensatz.
- Erstellen Sie ein Lösungsblatt zum Arbeitsblatt.

Stundenverlauf

1. Einstieg (ca. 10–15 Min.)

Führen Sie den Wortschatz ein, indem Sie die Wort-Bild-Karten einzeln nacheinander an die Tafel hängen und mit den Schüler*innen chorisch sprechen.
Spielen Sie folgende Spiele:

- *„Was fehlt?":* Hängen Sie die Bildkarten an die Tafel. Die Schüler schließen die Augen. Entfernen Sie eine Karte. Die Kinder öffnen die Augen wieder. Fragen Sie „Was fehlt?"
- *„Hopp oder Stopp" (dieses Spiel kennen die Schüler*innen bereits aus der Frühlingsstunde):* Nehmen Sie die Karten als Stapel zur Hand und halten Sie diese vor Ihren Bauch. Die Kinder stehen. Nennen Sie einen Begriff, der auf den Karten abgebildet ist. Zeigen Sie nun die Karten nacheinander. Bei jeder Karte, auf der der Begriff nicht abgebildet ist, hüpfen die Kinder und rufen den richtigen Begriff. Ist die Bildkarte an der Reihe, auf der der von Ihnen ausgewählte Begriff abgebildet ist, hüpfen die Kinder nicht, sondern rufen „Stopp!" und machen eine abwehrende Handbewegung.

2. Arbeitsphase (ca. 20–25 Min.)

Verteilen Sie das Arbeitsblatt. Die Kinder bearbeiten es in Einzelarbeit.
Kinder, die damit fertig sind, kontrollieren mithilfe des Lösungsblatts. Anschließend malen die Kinder Herbstbilder auf das Blanko-Blatt.

3. Sicherung (ca. 5–10 Min.)

Bitten Sie die Schüler*innen, ihre Bilder zu zeigen und dazu zu erzählen.
Sollte noch Zeit bleiben, können Sie „Dingsbums" spielen: Dazu umschreiben zunächst Sie einen der in dieser Stunde erlernten Begriffe, z. B. „Mein Dingsbums kann man auf- und zuklappen. Es schützt vor Regen." (Regenschirm). Das Kind, das den Begriff zuerst errät, darf als Nächstes etwas beschreiben.

Herbst – Wort-Bild-Karten

© Verlag an der Ruhr | Autorin: Nina Wilkening | ISBN 978-3-8346-6250-7 | www.verlagruhr.de

Herbst

1. Welches Wort stimmt? Kreuze an. 

- ☐ die Eicheln
- ☐ die Birne
- ☐ der Pilz

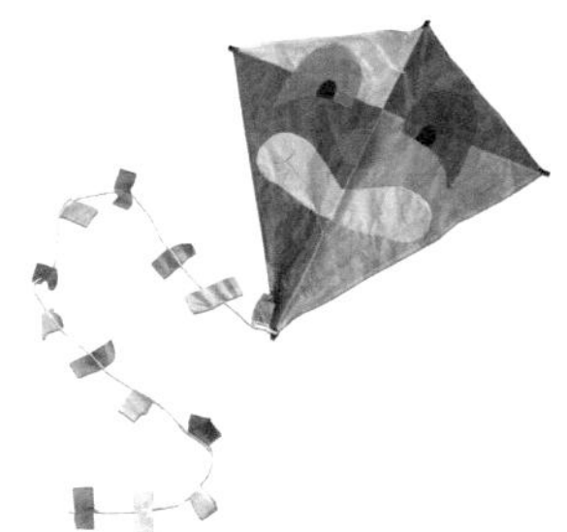

- ☐ der Drachen
- ☐ die Trauben
- ☐ die Blätter

- ☐ die Gummistiefel
- ☐ der Igel
- ☐ die Laterne

- ☐ die Trauben
- ☐ der Regenschirm
- ☐ die Kastanien

- ☐ das Eichhörnchen
- ☐ die Gummistiefel
- ☐ das Laub

- ☐ der Regenschirm
- ☐ der Regen
- ☐ der Kürbis

2. Wie heißen die Wörter? Schreibe sie auf. 

....

....

....

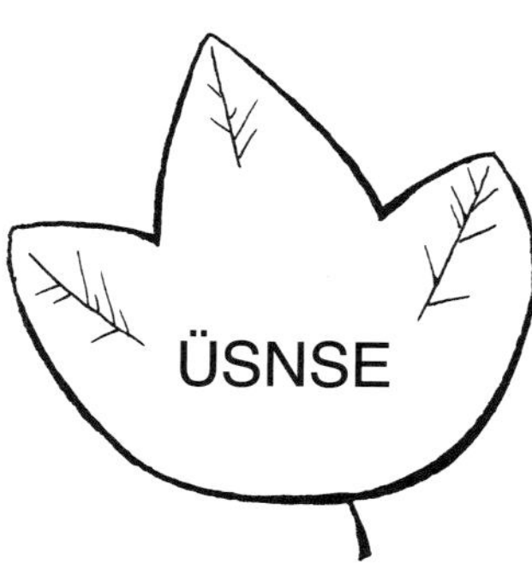

....

29. Winter

Thema

Erweiterung des Wortschatzes zum Thema „Winter"

Kompetenzerwartungen

Die Kinder …

- kennen Begriffe, die zum Thema „Winter" gehören.

Materialliste

Kopiervorlage „Winter – Wort-Bild-Karten"

Das bereiten Sie vor

- Kopieren Sie die Wort-Bild-Karten einmal so groß, dass Sie sie zur Wortschatzeinführung an die Tafel hängen können. Schneiden Sie die Karten auseinander.
- Kopieren Sie die Kopiervorlage zusätzlich im Klassensatz. Je nach Schwierigkeitsgrad können Sie die Begriffe auf den Karten belassen oder sie abschneiden, wenn es etwas schwieriger sein soll.

Stundenverlauf

1. Einstieg (ca. 10–15 Min.)

Führen Sie den Wortschatz ein, indem Sie die Wort-Bild-Karten einzeln nacheinander an die Tafel hängen und mit den Schüler*innen chorisch sprechen.
Nehmen Sie alle Karten als Stapel zur Hand, den Sie vor dem Bauch halten. Stellen Sie sich vor die Klasse und drehen Sie die erste Bildkarte für wenige Sekunden um. Die Kinder gucken auf die Karte und versuchen, möglichst schnell den abgebildeten Gegenstand zu benennen.

2. Arbeitsphase (ca. 20–25 Min.)

Verteilen Sie die Kopiervorlage. Jedes Kind markiert zunächst alle Bildkarten mit einem individuellen Zeichen (z. B. einem farbigen Punkt oder den Initialen des eigenen Namens). Dies geschieht, damit die Kinder am Ende ihre Karten auseinanderhalten können. Anschließend schneiden die Kinder die Karten aus und spielen mit je zwei Kartensätzen Memo. Beim Umdrehen der Karten sollten die Begriffe laut genannt werden.
Brechen Sie diese Phase nach ca. 15 Minuten ab.
Nun gehen die Kinder zu dritt oder zu viert zusammen und spielen mit einem Kartensatz das „Regenwolken-Spiel" in abgewandelter Form: Diesmal müssen keine Paare, sondern Drillinge gefunden werden. Welche drei Karten zusammengehören, erkennen die Kinder an dem kleinen Symbol in der rechten, oberen Ecke. Alle Karten werden gleichmäßig verteilt und verdeckt auf die Hand genommen. Ein Kind (Kind 1) erhält eine Karte mehr. Das Kind, das links von Kind 1 sitzt, zieht eine Karte von Kind 1. Hat ein Kind drei zusammengehörige Karten gefunden, werden diese abgelegt und die darauf dargestellten Begriffe benannt.
Das Spiel ist zu Ende, wenn nur noch ein Kind die Karte mit der Regenwolke in der Hand hält – zu dieser gibt es kein passendes Pendant.
Gehen Sie während der Arbeitsphase herum und achten Sie darauf, dass die Kinder die abgebildeten Gegenstände benennen.

3. Sicherung (ca. 5–10 Min.)

Spielen Sie „Dingsbums" (Dieses Spiel kennen die Kinder schon aus der vorherigen Stunde): Dazu umschreiben zunächst Sie einen der in dieser Stunde erlernten Begriffe, z. B. „Mein Dingsbums bindet man sich um den Hals, wenn es draußen kalt ist." (Schal). Das Kind, das den Begriff zuerst errät, darf als Nächstes etwas beschreiben.

Kopiervorlage

Winter – Wort-Bild-Karten

der Schnee	der Schneemann	der Schneeball	der Tannenbaum
der Stern	die Kerze	die Mütze	der Schal
die Handschuhe	Ski fahren	Schlitten fahren	Schlittschuh fahren
das Eis	die Eiszapfen	die Eiskristalle	

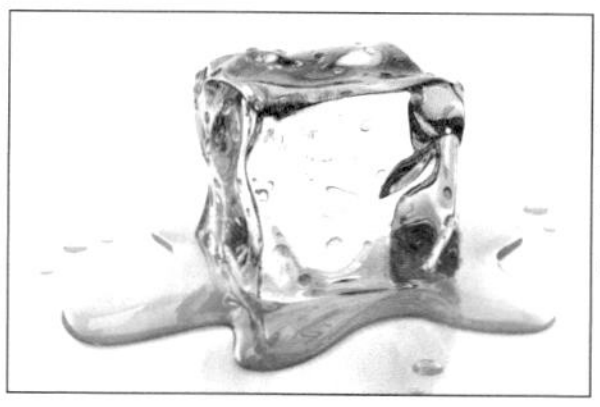

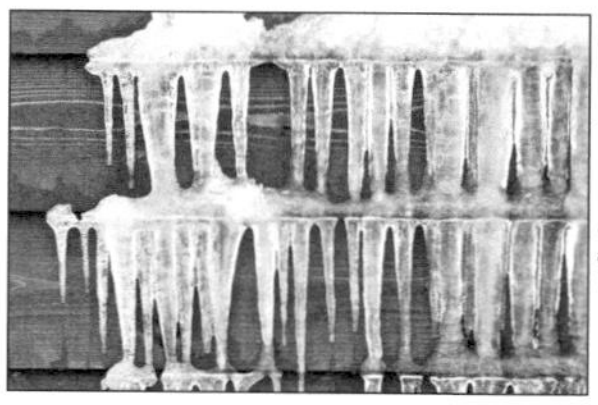

© Verlag an der Ruhr | Autorin: Nina Wilkening | ISBN 978-3-8346-6250-7 | www.verlagruhr.de

30. Jahreszeiten

Thema

Wiederholung der Inhalte und des Wortschatzes aus den Jahreszeitenstunden (Stunden 26–29).

Kompetenzerwartungen

Die Kinder ...
- kennen die vier Jahreszeiten.
- können den Jahreszeiten Bilder zuordnen.
- kennen zu den Jahreszeiten passende Begriffe.

Materialliste

- Arbeitsblatt „Jahreszeiten-Suchsel"
- Arbeitsblatt „Jahreszeiten – Was passt nicht?"
- Kopiervorlage „Jahreszeiten-Quartett"
- Kopiervorlagen der Wort-Bild-Karten „Frühling", „Sommer", „Herbst", „Winter" (aus den Stunden 26–29)

Das bereiten Sie vor

- Kopieren Sie die Arbeitsblätter „Jahreszeiten-Suchsel" und „Jahreszeiten – Was passt nicht?" im Klassensatz.
- Erstellen Sie ggf. Lösungsblätter zu den Arbeitsblättern.
- Kopieren Sie alle Wort-Bild-Karten der Stunden 26–29 je einmal, sodass Sie die Kopiervorlagen als Gedächtnisstütze in der Klasse aufhängen können.
- Kopieren Sie die Kopiervorlage „Jahreszeiten-Quartett" je nach Größe der Lerngruppe 2- bis 4-mal. Schneiden Sie den oberen Teil ab. (Diesen erhalten die Kinder als Unterstützung zum Spiel.) Schneiden Sie die Bildkarten darunter auseinander.
- Erstellen Sie je nach Größe der Lerngruppe zwei bis vier Memo-Spiele. Kopieren Sie dafür die Wort-Bild-Karten der Stunden 26–29 jeweils 2-mal und schneiden Sie die Karten aus.

Stundenverlauf

1. Einstieg (ca. 15 Min.)

Wiederholen Sie die Jahreszeiten-Wörter aus den vorigen Einheiten mündlich. Hierzu können Sie verschiedene Bildkarten hochhalten und noch einmal mit den Kindern chorisch sprechen. Hängen Sie als Gedächtnisstütze die Kopiervorlagen der Wort-Bild-Karten in der Klasse auf.

2. Arbeitsphase (ca. 60 Min.)

Teilen Sie die Lerngruppe in 2er- bis 4er-Gruppen.
Erklären Sie den Schüler*innen kurz die Stationenarbeit und die Regeln der Spiele.
Weisen Sie den Kleingruppen ihre Anfangsstation zu.
Die Schüler*innen arbeiten in Kleingruppen an folgenden Stationen:

- *Jahreszeiten-Memo*
  Die Kinder spielen nach den Regeln des bekannten Memory-Spiels. Beim Umdrehen der Karten sollten die Begriffe laut genannt werden.
- *Jahreszeiten-Quartett*
  Die Kinder erhalten den oberen Teil der Kopiervorlage als Unterstützung und legen ihn in die Mitte. Hier können sie sehen, welche Karten im Spiel sind und zu einem Satz gehören.
  Die Kinder teilen nun die Karten gleichmäßig untereinander auf und nehmen sie verdeckt auf die Hand. Falls das nicht glatt aufgeht, erhält ein Kind eine Karte mehr. Ziel des Spiels ist es, alle Karten abzulegen. Das jüngste Kind beginnt (es sei denn, dieses Kind hat eine Karte mehr). Es schaut seine Karten an und fragt dann ein anderes Kind nach einer passenden Karte. Versucht das Kind z. B., alle Frühlings-Karten zu sammeln, könnte es fragen: „Asu, hast du das Kleeblatt?" Wenn das andere Kind diese Karte hat, muss es sie abgeben. Hat das gefragte Kind mehrere dieser Karten, muss es nur eine abgeben. Wer vier Karten zu einer Jahreszeit hat, darf diese ablegen.

30. Jahreszeiten

- Arbeitsblätter „Jahreszeiten-Suchsel" und „Jahreszeiten – Was passt nicht?"
  Die Kinder bearbeiten in Einzelarbeit die Arbeitsblätter und kontrollieren ggf. mithilfe der Lösungsblätter.

3. Sicherung (ca. 10 Min.)

Halbieren Sie die Lerngruppe. Die Schüler*innen eines Teams stellen sich hintereinander in einer Reihe vor Ihnen auf.
Nehmen Sie einen Stapel Wort-Bild-Karten zur Hand. Zeigen Sie den beiden Schüler*innen, die an erster Stelle in ihren Reihen stehen, die Karte (Das Wort sollte dabei nach hinten weggeklappt werden). Wer das Bild auf der Karte zuerst richtig benennen kann, gewinnt einen Punkt für seine Mannschaft und stellt sich wieder hinten an. Das Spiel ist beendet, wenn ein Team 10 Punkte hat. Alternativ können Sie das Spiel auch so spielen, dass der*die Verlierer*in des Duells das Team wechseln muss. Verlierer*in und Sieger*in stellen sich dann hinten im Siegerteam neu an.

Hinweis für die Lehrkraft

Diese Stunde eignet sich am besten als Doppelstunde. Falls Sie nur eine Einzelstunde zur Verfügung haben, verkürzen Sie die Arbeitsphase auf ca. 30 Minuten und gestalten Sie den Einstieg etwas weniger ausführlich.

Lösung Suchsel:

T		R	E	G	E	N		S	
U								T	
L								R	
P								A	
E		D	R	A	C	H	E	N	S
		F	R	E	I	B	A	D	C
K	N	O	S	P	E				H
									N
									E
E	I	S	Z	A	P	F	E	N	E

Jahreszeiten-Suchsel

1. Finde zu jeder Jahreszeit 2 Wörter.

Male an: Frühlings-Wörter grün, Sommer-Wörter rot, Herbst-Wörter gelb, Winter-Wörter blau

T	S	R	E	G	E	N	H	S	B
U	K	D	P	Q	I	L	A	T	S
L	V	G	L	Y	H	V	W	R	T
P	C	E	V	I	A	Z	K	A	C
E	G	D	R	A	C	H	E	N	S
R	W	F	R	E	I	B	A	D	C
K	N	O	S	P	E	Q	I	U	H
L	R	F	V	Y	J	P	K	Y	N
W	K	R	H	P	A	L	B	I	E
E	I	S	Z	A	P	F	E	N	E

2. Schreibe die Wörter zu den Bildern auf.

 ....

 ....

 ....

 ....

 ....

 ....

Jahreszeiten – Was passt nicht?

Achte auf die Jahreszeiten.
Welches Bild passt nicht zu den anderen in der Reihe?
Streiche es durch. Male ein passendes Bild in den leeren Kasten. 

© Verlag an der Ruhr | Autorin: Nina Wilkening | ISBN 978-3-8346-6250-7 | www.verlagruhr.de

Jahreszeiten-Quartett

Frühling

Sommer

Herbst

Winter

 © Olzas – Shutterstock.com	 © Elena Schweitzer – stock.adobe.com	 © OlgaKot17 – Shutterstock.com	 © Vitalii Hulai – stock.adobe.com
 © Nadia Cruzova – stock.adobe.com	 © Jiri Hera – Shutterstock.com	 © Leonid – stock.adobe.com	 © aquariagirl1970 – stock.adobe.com
 © Dionisvera – stock.adobe.com	 © Smileus – stock.adobe.com	 © msk nina – stock.adobe.com	 © eyetronic – stock.adobe.com
 © soupstock – stock.adobe.com	 © vitaliy 73 – stock.adobe.com	 © Lucky Dragon – stock.adobe.com	 © by studio – stock.adobe.com

© Verlag an der Ruhr | Autorin: Nina Wilkening | ISBN 978-3-8346-6250-7 | www.verlagruhr.de

Platz für Notizen